Grundlagen der Führung

Arbeitshefte Führungspsychologie

Herausgegeben von Prof. Werner Bienert, Ludwigshafen
und Prof. Dr. Ekkehard Crisand, Wilhelmsfeld

Band 2

Grundlagen der Führung

mit Führungsmodellen

---

von

Dr. Rainer W. Stroebe   Guntram H. Stroebe
Dipl.-Psychologe   Dipl.-Kaufmann
Wörthsee/Steinebach   München

6., überarbeitete Auflage 1990

Mit 32 Abbildungen und Tabellen

I. H. Sauer-Verlag GmbH
Heidelberg

1. Auflage 1977 · ISBN 3-7938-7624-1
2. Auflage 1979 · ISBN 3-7938-7649-7
3. Auflage 1980 · ISBN 3-7938-7671-3
4. Auflage 1984 · ISBN 3-7938-7719-1
5. Auflage 1987 · ISBN 3-7938-7778-7
6. Auflage 1990 · ISBN 3-7938-7035-9
(16.–18. Tausend)

CIP-Titelaufnahme der Deutschen Bibliothek

Stroebe, Rainer W.:

Grundlagen der Führung : mit Führungsmodellen / von Rainer W. Stroebe ; Guntram H. Stroebe. 6., überarb. Aufl. – Heidelberg : Sauer, 1990

(Arbeitshefte Führungspsychologie ; Bd. 2)
ISBN 3-7938-7035-9

NE: Stroebe, Guntram H.: ; GT

ISBN 3-7938-7035-9

© 1990 I. H. Sauer-Verlag GmbH, Heidelberg

Das Werk einschließlich aller seiner Teile ist urheberrechtlich geschützt. Jede Verwertung außerhalb der engen Grenzen des Urheberrechtsgesetzes ist ohne Zustimmung des Verlages unzulässig und strafbar. Das gilt insbesondere für Vervielfältigungen, Bearbeitungen, Übersetzungen, Mikroverfilmungen und die Einspeicherung und Verarbeitung in elektronischen Systemen.

Satz: Lichtsatz Michael Glaese GmbH, 6944 Hemsbach
Druck und Verarbeitung: Progressdruck GmbH, 6720 Speyer
Umschlagentwurf: Horst König, 6700 Ludwigshafen
∞ Gedruckt auf säurefreiem, alterungsbeständigen Papier nach ANSI-Norm

Printed in Germany

Inhaltsverzeichnis

Zur Einführung		7
1.	**Mitarbeiterführung – Bedeutung und Definition**	9
1.1	Warum ist richtige Mitarbeiter-Führung heute und künftig besonders notwendig?	9
1.2	Was heißt eigentlich Führen?	11
1.2.1	Äußere und innere Autorität	11
1.2.2	Einflüsse auf den Führungsprozeß	12
1.2.3	Kohäsion und Lokomotion	14
2.	**Die Führungskraft**	18
2.1	Muß eine Führungskraft Spezialist sein?	18
2.2	Welche Einstellung haben Führungskräfte gegenüber ihren Mitarbeitern?	23
2.3	Welche Verhaltensmuster gibt es für Führungskräfte?	29
2.4	Welches sind die wichtigsten Führungsaufgaben?	32
2.4.1	Mitarbeiter auswählen, beurteilen, fördern	33
2.4.2	Anstoß zur Problemfindung	35
2.4.3	Ziele vereinbaren	37
2.4.4	Planen	40
2.4.5	Entscheiden (lassen)	43
2.4.6	Delegieren, Koordinieren, Organisieren	43
2.4.7	Informieren	46
2.4.8	Motivieren	48
2.4.9	Reifegradspezifisch kontrollieren	48
3.	**Der Mitarbeiter**	52
3.1	Personalkostenexplosion und Arbeitsmarktveränderungen	52
3.2	Wir verhalten sich kooperative Mitarbeiter?	52
3.3	Welches sind die wichtigsten Mitarbeiteraufgaben?	55
3.4	Wie analysiere ich Ursachen für abweichendes Mitarbeiterverhalten? (mit Leitfragen zum Analysieren und Lösen von Führungsproblemen)	60
4.	**Die Gruppe**	67
4.1	Wann Einzelarbeit? Wann Gruppenarbeit?	67
4.2	Was ist Gruppendruck? Wie äußert er sich? Welche Gefahren bringt er mit sich?	67

4.3	Wodurch zeichnet sich eine leistungsfähige Gruppe aus? ...	71
5.	**Einige Führungsmodelle im Überblick**	**80**
5.1	Einführung	80
5.2	Das Verhaltensgitter von Blake/Mouton	81
5.3	Das 3-D-Modell von Reddin	83
5.4	Das Modell von Fiedler	89
5.5	Das Modell von Hersey/Blanchard	95
5.6	Integration von Verhaltensgitter und Reifegradmodell	103
5.7	Vergleichender Überblick zu ausgewählten situativen Führungsmodellen	103
6.	**Zusammenfassung**	**105**
Literaturverzeichnis		109

Zur Einführung

In diesem Heft werden 5 Bereiche angesprochen:
1. Die *Notwendigkeit optimaler Führung*
 (Was heißt führen eigentlich?)
2. Welche *Voraussetzungen* sollte eine gute Führungskraft erfüllen?
3. Das *richtige Mitarbeiterverhalten*
 (Wie ermittelt man die Ursachen eines falschen Mitabeiterverhaltens schnell und sicher?)
4. Unter welchen Bedingungen ist *Gruppenarbeit effizienter* als Einzelarbeit?
5. Welche Hilfe bieten Führungsmodelle dem betrieblichen Praktiker?

Zunächst zwei methodische Hinweise:

1. Vergleichen Sie bitte das, was Sie lesen, mit Ihren *eigenen Erfahrungen*. Bauen Sie auf diesen auf. Beachten Sie dabei: *Jede Praxis sollte auf guter Theorie* beruhen — auch der Kapitän braucht Karte und Kompaß. Glauben Sie aber andererseits nicht, wir könnten Ihnen *narrensichere Rezepte* liefern, denn auch eine Karte gibt oft nur eine grobe Orientierung, und ein Kompaß zeigt nicht an, ob ein Weg gangbar ist.
2. Wenden Sie das, was Sie lesen, bitte praktisch an. Beginnen Sie bei sich selbst. Sehen Sie sich als Teil Ihrer Führungsprobleme. Handeln Sie bitte nach dem Motto: *„Wenn ich nicht bei mir selbst anfange, wer macht es sonst"* und *„zünde lieber eine Kerze an, als das Elektrizitätswerk zu verfluchen!"*

Warum diese methodischen Hinweise?

Genau wie Sie möchten wir, daß die Zeit und Energie zum Bearbeiten dieses Bandes Ihnen Erfolg bringt. Der Band wird Ihnen eine gute *„Hilfe zur Selbsthilfe"* sein.

Wir halten es dabei mit *Galilei:*

„Man kann einen Menschen nichts lehren, man kann ihm nur helfen, es in sich selbst zu entdecken."

Viel Spaß und Erfolg auf Ihrer Entdeckungsreise!
Einige Tips hierfür:
- Probieren Sie es nicht halbherzig, sondern tun Sie es!
- Packen Sie nicht von vornherein die schwierigsten Probleme an!
- Konzentrieren Sie sich auf eine Priorität!
- Setzen Sie sich selbst realistische Fristen!
- Kontrollieren Sie den Nutzen!

1. Mitarbeiterführung – Bedeutung und Definition

1.1 Warum ist richtige Mitarbeiter-Führung heute und künftig besonders notwendig?

Richtige Mitarbeiterführung ist heute und künftig besonders notwendig, da neben ungelösten *Sachproblemen* auch ungelöste *Führungsprobleme* ernsthaft das *Überleben* von Unternehmen *gefährden* können. Mitarbeiterführung ist nicht nur in guten Zeiten wichtig, wenn es darum geht, gute Mitarbeiter zu bekommen, im Unternehmen zu halten und richtig einzusetzen. Dies gilt auch in schlechten Zeiten. Dazu kommt, daß es dann um so mehr gilt, *mit zufriedenen Mitarbeitern mehr zu leisten*. Um Führungsprobleme zu entschärfen, sind daher grundsätzlich die Ziele der Mitarbeiter und die des Unternehmens durch zeitgemäßes Führen zu integrieren. Hierzu sind Führungsfehler festzustellen und zu beseitigen.

Beantworten Sie dazu die folgenden drei *Fragen*:

1. Wie ist es um mein praktisch anwendbares Führungswissen bestellt? Was kennzeichnet Führungskräfte und Führungssituationen?
   ....
2. Wie ist meine grundlegende Einstellung anderen (Mitarbeitern, Chefs, Kunden) gegenüber? Welche Auswirkungen kann dies haben? ....
   ....
3. Zeigt mein Führungsverhalten einen Trend?
   Lassen sich von daher Aussagen über seine Effizienz machen! ....
   ....

Zu Punkt 3 einige Arbeitsfragen:

3.1 Was sind die fünf wichtigsten Stärken meines Führungsbereiches?
   ....
   ....

3.2 Was sind die fünf wichtigsten Schwächen meines Führungsbereiches?
   ....
   ....

3.3 Welches sind meine drei wichtigsten Ziele für dieses Jahr?

beruflich	privat
....	....
....	....
....	....

Abb. 1: Zukunftspläne

3.4 Schreiben Sie sich am besten sofort konkret auf, welche Konsequenzen Sie aus Ihren Antworten ziehen wollen:

a) Wie sollte ich führen?
....
....
....

b) Weicht das eigene Führungsverhalten von dem Verhalten ab, das ich anstrebe?
....
....
....

Wo weicht es ab?
....
....
....

Was ist die Ursache der Abweichung?
....
....
....

Wenn ich nicht bei mir selbst anfange, wer macht es sonst?

1.2 Was heißt eigentlich Führen?

Um Führungsfehler zu beseitigen, muß man sich das nötige Know-how, das nötige *Führungswissen aneignen*. Nur so ist eine Therapie vom falschen zum richtigen Führungsverhalten einzuleiten.

1.2.1 Äußere und innere Autorität

Bedeutet Führen *Durchsetzen von Autorität?*

Es gibt *äußere* und *innere Autorität:*

Äußere Autorität ist gleichsam „von Gottes Gnaden" und kann mit autoritärem Verhalten gekoppelt sein.

Innnere Autorität basiert auf einem Verhalten, das zur Achtung durch die Mitmenschen führt.

Für den, der nur äußere Autorität besitzt, bedeutet „Führen" Durchsetzen von Autorität. Wer dagegen *persönliche Autorität* besitzt, muß sich nicht mit Macht durchsetzen. Er *hat es nicht nötig, autoritär zu sein.*

Treffend charakterisiert *Peter Drucker* Führung als die natürliche, ungezwungene Fähigkeit, Mitarbeiter zu inspizieren.

Eine Führungskraft mit persönlicher Autorität versteht unter „Führen":

> Einen Mitarbeiter bzw. eine Gruppe unter Berücksichtigung der jeweiligen Situation auf ein gemeinsames Ziel hin beeinflussen.

Diese Definition beantwortet uns zwei Fragen:
1. Von welchen Einflüssen hängt Führung ab?
2. Was heißt „Beeinflussen"?

1.2.2 Einflüsse auf den Führungsprozeß

Zunächst: „Von welchen Einflüssen hängt Führung ab?"

Die *fünf Einflußfaktoren* finden sich in der Definition „Führen":

- Ein erster Einflußfaktor auf den Führungsprozeß ist die *Führungskraft* selbst. Sie beeinflußt die Gruppe auf das gemeinsame Ziel hin.
- Die Führungskraft führt Mitarbeiter. Die *einzelnen Mitarbeiter* sind der zweite Einflußfaktor.
- Führungskraft und Mitarbeiter arbeiten meist in Gruppen zusammen. *Die Gruppe* ist der dritte Einflußfaktor auf den Führungsprozeß.
- Die Führungskraft beeinflußt Mitarbeiter bzw. Gruppen auf ein gemeinsames Ziel hin. Gemeinsam ist das Ziel dann, wenn alle, die es anstreben, sich mit ihm identifizieren, sich für es einsetzen. Das *gemeinsame Ziel, die gemeinsame Aufgabe,* ist der vierte Einflußfaktor.
- Führungskraft, Mitarbeiter, Gruppe und gemeinsames Ziel stehen im Bezug zur jeweiligen Situation. Die *Situation* ist der fünfte Einflußfaktor. Daher: kooperativ-situativer Führungsstil.

Alle fünf *Einflüsse* auf den Führungsprozeß *wirken wechselseitig* aufeinander. Diese *wechselseitige Abhängigkeit* wird durch die folgende Aussage verdeutlicht:

> „Eine *Führungskraft fördert die Leistungsbereitschaft* und
> die *Leistungsfähigkeit* der Mitarbeiter sowie
> ihr *Zusammengehörigkeitsgefühl* in der Gruppe.
> Berücksichtigt sie auch die *jeweilige Situation*,
> so wird das *gemeinsame Ziel* eher *erreicht.*"

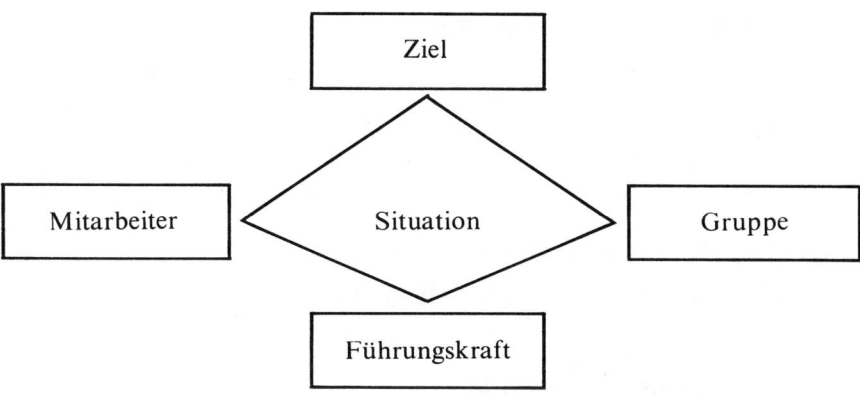

Abb. 2: Einflüsse auf die Führung

(Mehr zum Thema „Führen mit Zielen" finden Sie im Heft 3 „Führungsstile: situatives Führen und Management by Objectives")

Wollen Sie die Einflüsse auf Ihren Führungsprozeß analysieren?

„Was ein Führer benötigt, ist nicht ein Komplex von Regeln, sondern eine gute Methode zur Analyse der sozialen Situation, in der er handeln muß" (*Homans*).

In diesem Sinne:

- Wo sehen meine Mitarbeiter meine persönlichen
  Führungsstärken?   Führungsschwächen?
  ....
  ....
- Weiß ich es, oder glaube ich es nur zu wissen?
- Was sind die Stärken   Schwächen meiner *einzelnen Mitarbeiter?*
  ....
  ....

- Was tue ich, um die Stärken zu fördern und die Schwächen auszugleichen?
- Wie arbeiten meine Mitarbeiter als *Gruppe* mit mir zusammen?
- Bin ich selbst und sind meine Mitarbeiter in der Lage, unsere drei wichtigsten gemeinsamen *Ziele*, sowohl kurz-, mittel- als auch langfristige, ad hoc niederzuschreiben? (Decken sich diese Zielformulierungen bei allen?)
- Was charakterisiert meine heutige/künftige *Führungssituation?*

Schreiben Sie drei Merkmale auf:

heute	künftig
1.	1. ....
2.	2. ....
3.	3. ....

Haben Sie alle Fragen beantwortet?

Welche Konsequenzen ergeben sich daraus?

1.2.3 Kohäsion und Lokomotion

Führen bedeutet „Beeinflussen".

Was heißt „Beeinflussen" nicht?:

> Beeinflussen heißt *nicht manipulieren*, den Mitarbeitern Entscheidungen mit lauten Tricks verkaufen – zum Beispiel durch joviales Auf-die-Schulterklopfen;
>
> Beeinflussen heißt *nicht, „Laisser-aller"*, also alles laufen lassen.
>
> Beeinflussen heißt *nicht, andere wie Untergebene behandeln.*

Was heißt es dann?

Beeinflussen heißt:

> die zwei *umfassenden Grundaufgaben* der Führung, *Kohäsion* und *Lokomotion*,

zu erfüllen.

Kohäsion meint:

> Herbeiführen und Aufrechterhalten der Zusammengehörigkeit und des Bestandes der Gruppe.

Lokomotion bedeutet:

> Motivieren der Gruppe zum Erreichen des Gruppenzieles.

Kohäsion bezeichnet den menschlichen, den Beziehungs-Aspekt der Führung. *Motto:* „Schauen Sie Ihren Mitarbeitern in die Augen statt in ihre Personalakte!" Die Gruppe steht im Vordergrund. Kohäsion ist erforderlich, weil ein Unternehmen nicht nur eine *Leistungsorganisation*, sondern auch eine *Sozialorganisation* ist: Ein Manager muß mit einer Sache nicht nur vorankommen – er muß auch mit ihr ankommen.

Prüfen Sie selbst!

Bin ich kohäsiv?

	Ja	Nein
1. Ich fördere die Teilnahme aller Betroffenen an Entscheidungen.	☐	☐
2. Ich kann aufmerksam zuhören.	☐	☐
3. Ideen, die in der Gruppe geäußert werden, sind mir immer willkommen.	☐	☐
4. Spannungen, die in der Gruppe entstehen, spüre ich rasch.	☐	☐
5. Ich unterstütze Minderheiten in meiner Gruppe.	☐	☐
6. Ich kenne den informellen Führer und habe zu ihm ein gutes Verhältnis.	☐	☐
7. Es macht mir Spaß, in Gruppen zu arbeiten.	☐	☐
8. Es bereitet mir keine Schwierigkeiten, Gruppen zu führen.	☐	☐
9. Ich weiß, wie ich auf meine Gruppe wirke.	☐	☐
10. Es fällt mir nicht schwer, Informationen aus der Gruppe zu bekommen.	☐	☐

Auswertung: Sollten Sie bei einer kritischen Selbsprüfung mehr als drei dieser Aussagen mit „Nein" beantwortet haben, dann dürfte es um ihre Fähigkeit zur Kohäsion schlecht bestellt sein.

Lokomotion beschreibt den sachlichen, den innovatorischen Aspekt der Führung. Hier steht das *Ziel* im Vordergrund. Lokomotion ist erforderlich, weil ein Unternehmen eine *Leistungsorganisation* ist, deren Ziele erreicht werden müssen, wenn es überleben will.

Prüfen Sie selbst!

Wieweit bin ich lokomotiv? Lokomotive Führungskräfte gehen zielgerichtet vor (Diagramm auf S. 16 aus: *Steinherr, L.,* Selbstentlastung, Kissing 1979, S. 21).

Fassen wir zusammen:

- Durch Integration der Ziele der Mitarbeiter mit denen des Unternehmens wird dazu beigetragen, daß das Unternehmen mit zufriedenen Mitarbeitern mehr leistet.
- Diese Integration wird erreicht durch optimales Führen.
- Führen heißt: einen Mitarbeiter bzw. eine Gruppe unter Berücksichtigung der jeweiligen Situation auf ein gemeinsames Ziel hin beeinflusssen.

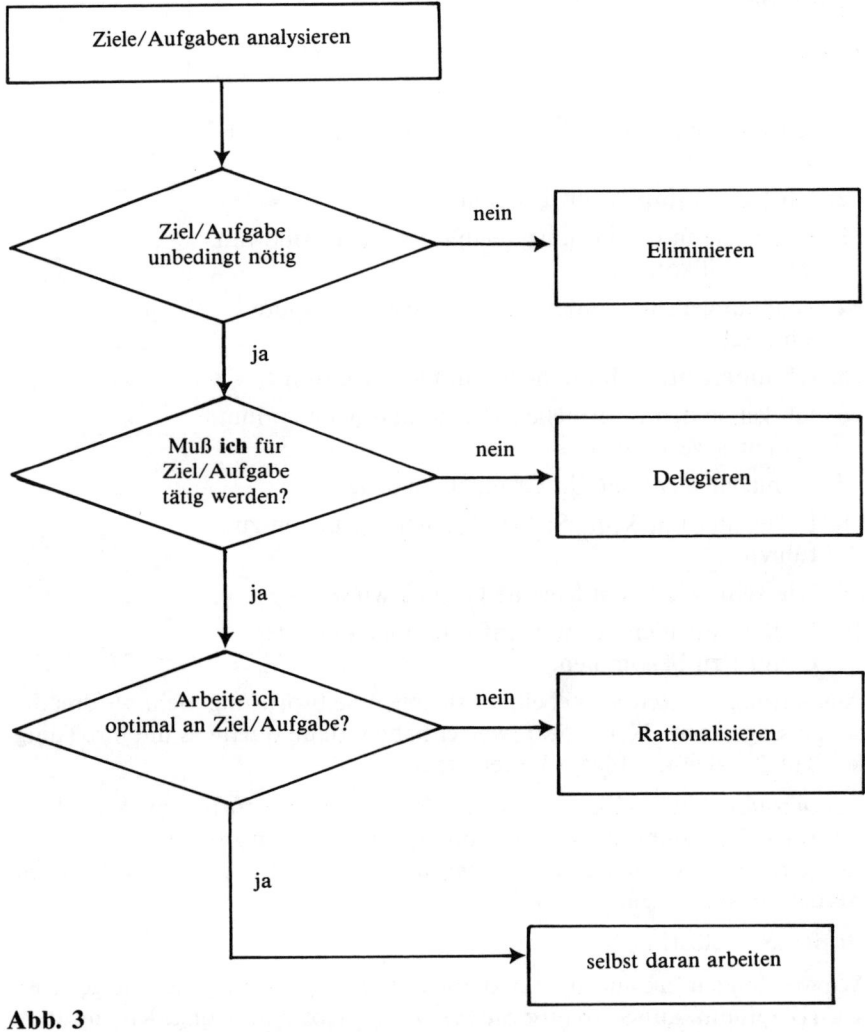

Abb. 3

- Es gibt fünf Einflußfaktoren der Führung: die Führungskraft, die einzelnen Mitarbeiter, die Gruppe, das gemeinsame Ziel und die jeweilige Situation.
- Beeinflussen bedeutet, daß die zwei Grundaufgaben der Führung erfüllt werden: Kohäsion und Lokomotion.
- Kohäsion meint: Herbeiführen und Aufrechterhalten der Zusammengehörigkeit und des Bestandes der Gruppe.

– Lokomotion bedeutet: Motivieren der Gruppe zum Erreichen des Gruppenzieles.

Im weiteren Verlauf dieses Buches werden wir uns mit den fünf Einflußfaktoren der Führung
- Führungskraft
- Mitarbeiter
- Gruppe
- gemeinsames Ziel
- Situation
- und mit den umfassenden Grundaufgaben der Führung, Kohäsion und Lokomotion,

im einzelnen auseinandersetzen.

2. Die Führungskraft

2.1 Muß eine Führungskraft Spezialist sein?

Führungskräfte beweisen häufig, daß sie sich ihrer eigentlichen Aufgaben nicht voll bewuß sind:

> Da stellt ein *Hauptabteilungsleiter* fest: „Die jungen Leute haben heute mehr theoretisches Wissen als wir; man muß vorsichtig sein, um nicht überholt zu werden."

> Ein 53jähriger *Prokurist* fordert entsprechend: „Man müßte jährlich vier Wochen Weiterbildung machen, sonst wird man von der Entwicklung im eigenen Fach überrollt."

> Ein 45jähriger *Direktor* meint: „Manchmal möchte ich den Dienst quittieren, weil ich mich nicht einmal fachlich qualifiziert fühle und meine Fähigkeiten nur vorgaukele."

Woraus resultieren solche Meinungen?

Sie rühren zu einem guten Teil daher, daß Führungskräfte zuviel Detailaufgaben erfüllen oder glauben, erfüllen zu müssen. Für manche Führungskräfte gilt daher, was *Ludwig Thoma* bissig formulierte: „Er ist ein 1er-Jurist und auch sonst von mäßigem Verstande." Nicht selten werden Führungskräfte kritisiert, die sich um ihre Mitarbeiter, ihre eigentlichen Führungsfragen kümmern: „Warum beschäftigen Sie sich soviel mit Ihren Leuten? Machen Sie es doch selbst."

Daher die *Frage:*

„Muß eine Führungskraft Spezialist sein?"

Die Antwort soll die nachstehende Abbildung verdeutlichen.

Die Diagonale stellt den Aufstieg einer Führungskraft im Unternehmen dar. Die linke obere Fläche des Rechtecks stellt das Fachwissen, die Fachaufgaben der Führungskraft, die rechte untere Fläche des Rechtecks ihr Führungswissen, ihre Führungsaufgaben dar. Mit kontinuierlichem Aufstieg im Unternehmen – entlang der Diagonalen von links unten nach rechts oben – verkleinert sich die Fläche für Fachwissen, Fachaufgaben, die Fläche für Führungswissen, Führungsaufgaben vergrößert sich.

Was besagt das? Es zeigt, daß ein Manager, der die Karriereleiter hinaufsteigt, immer mehr Führungsaufgaben und immer weniger Fachaufgaben wahrnimmt. Natürlich hängt das Verhältnis von Führungs- zu Fachwissen/Führungs- zu Fachaufgaben von der Position ab, die eine Führungskraft

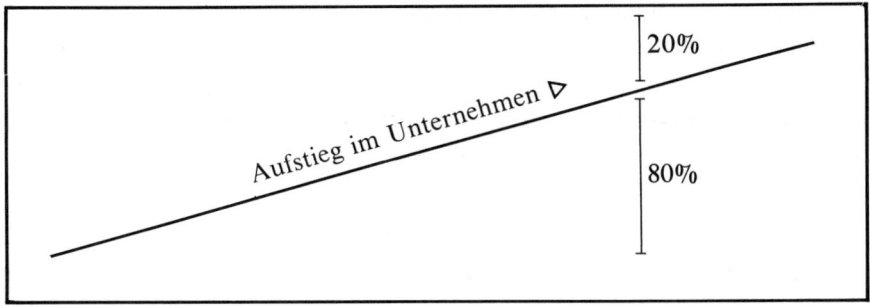

Abb. 4: Das Verhältnis von Führungs- zu Fachwissen/Führungs- zu Fachaufgaben bei Führungskräften

innerhalb der Hierarchie innehat. Das Schaubild zeigt beispielsweise eine Führungskraft, bei der Führungs- zu Spezialistenaufgaben im Verhältnis von 80% zu 20% verteilt sind. Entsprechend verteilt sich das Verhältnis von Führungs- zu Fachwissen.

Führungskräfte sind keine Spezialisten wie ihre Mitarbeiter. Deren Fachwissen geht in die Tiefe. Qualifizierte Mitarbeiter wissen „von immer weniger immer mehr". Führungskräfte dagegen sind − abhängig von der Ebene − mehr oder weniger Führungsspezialisten: „Adler fangen keine Fliegen." Es darf nicht so sein, wie ein 57jähriger Hauptabteilungsleiter formulierte: „Man muß sich die Argumente vielfach aus dem hohlen Bauch holen und sich bemühen, das vor den Mitarbeitern zu verbergen."

Für Spezialistentätigkeiten sind Führungskräfte nicht da. Dafür sind sie unter anderem viel zu teuer. Insofern kritisierte *Henry Ford I.* einen leitenden Angestellten zu Recht: „Ich sollte Sie entlassen. Sie vergeuden mein Geld mit Tätigkeiten, die ein Mitarbeiter mit einem Drittel ihres Gehaltes genau so gut erledigen kann."

Wenn Führungskräfte keine Spezialisten sind, was sind sie dann?

Führungskräfte sind Universalisten, insofern, als sie universelle, umfassende Führungsaufgaben wahrnehmen. Hierzu benötigen sie vorrangig Führungswissen, was auch ein Fachwissen ist. Dieses Wissen geht nicht − wie bei den Spezialisten − in die Tiefe. Es geht in die Breite. Das fachliche Wissen von Führungskräften ist Methodenwissen, ist Grundsatzwissen über die Tätigkeiten der Mitarbeiter. Es ermöglicht der Führungskraft,

- die Mitarbeiter richtig *einzusetzen*,
- sie koordinierend zu *unterstützen* und
- ihre Leistungen zu beurteilen.

Wie Universalisten und Spezialisten zusammenarbeiten, zeigt das Schaubild (Abb. 5). Führungskräfte halten gewissermaßen, wie eine Nabe im Rad, die Mitarbeiter, dargestellt als Speichen, zusammen.

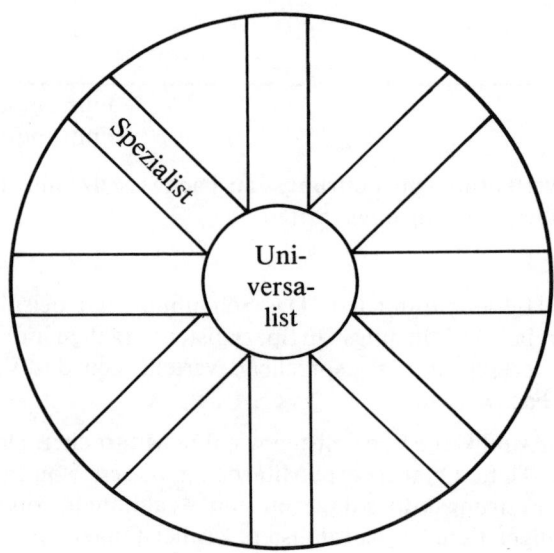

Abb. 5: Das Zusammenwirken von Universalist und Spezialist

Manche Führungskräfte verhalten sich allerdings wie „Multispezialisten". Sie meinen, sie müßten auf allen Gebieten – auch denen ihrer Mitarbeiter – immer topfit sein. Ihnen geht es dann meist so: „Wer schon die Übersicht verloren hat, sollte wenigstens den Mut zur Entscheidung haben."

Prüfen Sie sich selbst:

- Bin ich mehr Universalist oder mehr Spezialist?
- Wie verteilt sich bei mir Führungs- zu Fachwissen in %?
- Gibt es Gebiete, in denen ich mich wie ein Multispezialist aufführe?
- Wie häufig kommt es vor, daß ich meine:
    - „nicht noch das bitte!"
    - „es wird mir alles zuviel!"

- „am liebsten würde ich den ganzen Kram hinwerfen!"
- „Warum eigentlich mache ich mich immer für andere kaputt?"

(Bitte ergänzen Sie)

Sind Ihnen Bedenken gekommen?
- Fühle ich mich so, wie der Mensch auf dem Bild?

Abb. 6

Warum verhalten sich Führungskräfte oft mehr wie Spezialisten und weniger wie Universalisten?

Hier einige Zitate:

> Der 52jährige Hauptabteilungsleiter eines Konstruktionsbüros erklärt: „Meine Führungsaufgaben sind deshalb so schwierig für mich, weil ich nirgends ausdrücklich in Menschenkenntnis und Menschenführung geschult wurde."

„Fachlich wird viel in die Ausbildung investiert, psychologisch jedoch nichts."

Ein 34jähriger Geschäftsleitungsassistent bestätigt: „Technisch sind wir perfekt, in der Menschenführung aber archaisch."

Zielsetzung eines Managers muß also sein: „Weg vom geistigen Facharbeiter, dem sein Sozialwissen wie eine störende Klette anhängt. Hin zur Führungskraft, die auch in kritischen Situationen auf Kohäsion und Lokomotion achten kann – ohne den Ballast zu vieler Details."

Der Präsident eines großen amerikanischen Stahlkonzerns sagte, wie er diese Forderung praktizierte: „Ich war so intelligent, daß ich Leute für mich arbeiten ließ, die schlauer waren als ich."

Beantworten Sie sich nun selbstkritisch die folgenden Fragen:

a) Womit verbringe ich meine Arbeitszeit?

..... % mit ....
..... % mit ....
..... % mit ....

b) Wieviel % der Zeit investiere ich in
   Führungsaufgaben? ....
   Wieviel % der Zeit investiere ich in
   Spezialistentätigkeit? ....

c) Was muß ich eigentlich unbedingt selbst tun?
   1. ....
   2. ....
   3. ....

d) Welche Routine-/Detail- und Spezialistenaufgaben will ich in der nächsten Zeit delegieren?
   1. ....
   2. ....
   3. ....

e) Was muß ich meinen Mitarbeitern vermitteln – zum Beispiel durch mehr Information oder Training –, damit sie fähig und motiviert sind, erfolgreich zu arbeiten?
   1. ....
   2. ....
   3. ....
   4. ....

2.2 Welche Einstellung haben Führungskräfte gegenüber ihren Mitarbeitern?

Die Zielsetzung: „Weg vom Spezialisten – Hin zur Führungskraft" erfordert neben dem ausgewogenen Bemühen um Kohäsion und Lokomotion auch eine ganz bestimmte Einstellung den Mitarbeitern gegenüber. Jedes Verhalten wird durch Einstellungen mitbestimmt. Diese Einstellungen basieren auf den Werten/Vorstellungen der Führungskraft. Auch das Verhalten von Führungskräften resultiert aus bestimmten Einstellungen den Mitarbeitern gegenüber:

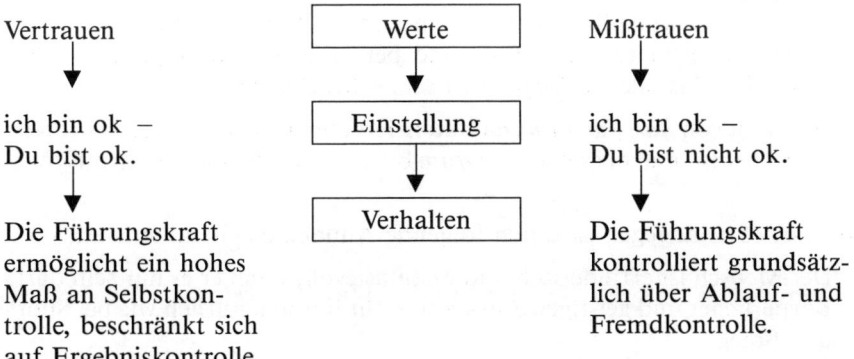

Vertrauen		Mißtrauen
↓	Werte ↓	↓
ich bin ok – Du bist ok.	Einstellung ↓	ich bin ok – Du bist nicht ok.
↓	Verhalten	↓
Die Führungskraft ermöglicht ein hohes Maß an Selbstkontrolle, beschränkt sich auf Ergebniskontrolle.		Die Führungskraft kontrolliert grundsätzlich über Ablauf- und Fremdkontrolle.

Wir zeigen Ihnen zwei Grundeinstellungen. Diese zwei Grundeinstellungen werden bezeichnet

    als „*X-Theorie*" und
    als „*Y-Theorie*".

Die *X-Theorie* ist durch folgende drei Annahmen gekennzeichnet:

1. Der Mensch ist von Grund auf faul, ohne Initiative und Ehrgeiz.
2. Der Mensch drückt sich daher um Arbeit und Verantwortung, wo immer er kann.
3. Um Ergebnisse zu erzielen, müssen die Menschen also angewiesen, kontrolliert, ja gezwungen werden. Erst die Androhung von Strafe bringt sie zu ausreichender Leistung.

Diese drei Annahmen zeigen die Einstellung: „Meine Mitarbeiter sind alle nur Esel." Oder mit den Worten eines Produktionsleiters: „Nullen – nichts als Nullen!"

Das Motto lautet:

> *"Vertrauen ist gut, Kontrolle ist besser."*

Oder auch:

> *"Ich bin o.k., Du bist nicht o.k.!"*

Ein Beispiel für einen X-Theoretiker:

> Die hohe Fluktuation in der Revisionsabteilung eines Großunternehmens wird durch den Personalleiter untersucht. Er nimmt unter anderem an der Besprechung eines Revisionsberichtes teil. Ohne lange Vorrede streicht der Abteilungsleiter auf der ersten Seite ganze Sätze durch. Dicke Fragezeichen malt er auf der zweiten Seite. Einmal notiert er „ziemlich dürftig", ein anderes Mal „bla, bla". Die letzte Seite streicht er ganz durch und bemerkt zynisch „typisch altfränkisch". Das alles in Gegenwart seines Mitarbeiters.

Ein Bonmot von *Karl Valentin* charakterisiert die Einstellung des X-Theoretikers: „Sicher ist, daß nix sicher is. Drum bin i vorsichtshalber gleich mißtrauisch."

Die *Y-Theorie* dagegen ist durch folgende Annahmen charakterisiert:

1. Der Mensch ist erfinderisch und phantasievoll, wenn er es nur sein darf.
2. Körperlicher und geistiger Einsatz sind für ihn so natürlich wie bei Sport und Spiel.
3. Menschen spornen sich selbst an, um sich selbst zu entwickeln.
4. Menschen sind nicht nur *bereit*, Verantwortung zu tragen – sie suchen sie.
5. Menschen können und wollen sich selbst kontrollieren.

Das Motto der Y-Theorie:

> *"Ohne Vertrauen geht es nicht, Selbstkontrolle ist besser."*

Oder auch:

> *"Ich bin o.k., Du bist o.k.! Nobody is perfect."*

Wie verhält sich ein Y-Theoretiker?

Hier ein *Beispiel*:

> Ein hoher Politiker X will einen ausländischen Diplomaten Y verabschieden. Wegen eines Maschinenschadens kann das Flugzeug jedoch nicht starten. Politiker X fragt seinen Gast Y: „Am besten ist es wohl, dem Luftfahrtminister das Abschiedsgesuch nahezulegen?" Darauf Y: „Befördern Sie ihn. Seien Sie froh, daß seine Leute den Fehler auf dem Boden gefunden haben."

Welche Y-theoretischen Beispiele fallen Ihnen ein?

Fassen wir das Charakteristische am X- und Y-theoretischen Verhalten zusammen:

Der X-Theoretiker fragt:
1. Was ist an dieser Arbeit schlecht?
2. Wo kann ich kritisieren?
3. Wer ist daran schuld?

Er macht häufig aus einer Mücke einen Elefanten, aus einem kleinen Fehler eine Katastrophe.

Der Y-Theoretiker fragt:
1. Was ist an dieser Arbeit gut?
2. Was muß noch besser gemacht werden?
3. Wie kann man es noch besser machen?

beziehungsweise:
1. Was für ein Problem liegt vor?
2. Was ist seine Ursache?
3. Wie können wir das Problem lösen?

Er fragt nie zuerst: Was ist an dieser Arbeit schlecht?

Er kommentiert: „Das ist ein hochinteressanter Fehler!" und regt damit zum Vor-Denken an.

Was resultiert aus einer X- oder Y-theoretischen Grundeinstellung?

Zunächst ein *Beispiel*:
> Ein X-Theoretiker hat die Einstellung: „Auf nichts kann man sich verlassen." Zu Weihnachten sind zufällig keine Nüsse mehr im Früchtekorb. Er schimpft: „Ich sag's ja: immer wird etwas vergessen." Die Familie fühlt sich angegriffen und reagiert verärgert. Niemand mag sich um die Nüsse kümmern. Dadurch fühlt der X-Theoretiker seine Einstellung bestätigt: „Ich werde halt immer vergessen."

Hier der grundsätzliche Ablauf in drei Schritten:
1. Bestimmte *Einstellungen* und *Erwartungen* eines Menschen führen zu einem entsprechenden *Verhalten* den Mitmenschen gegenüber. In unserem Beispiel lautet die Einstellung: „Immer werde ich vergessen." Das Verhalten ist Schimpfen.
2. Ein bestimmtes *Verhalten* – hier das Schimpfen – ruft entsprechende *Reaktionen* – hier Verärgerung – bei den Mitmenschen hervor. Niemand mag die Nüsse holen.

3. Diese *Reaktion bestätigt die Einstellung* des X-Theoretikers: „Nicht einmal, wenn man sagt, daß man Nüsse möchte, holt sie einem jemand. Immer werde ich vergessen."

Der Y-Theoretiker verhält sich anders. Er freut sich beispielsweise über den von seiner Frau geschenkten Bierkrug aus Steingut, auch wenn er Bier lieber aus Gläsern trinkt, denn er weiß, daß der Krug liebevoll ausgesucht ist. Seine Frau fällt ihm daraufhin um den Hals. Das bestätigt seine Einstellung: „Andere Menschen denken an mich."

Auch im Betrieb gilt, was wir hier am Beispiel der Familie gezeigt haben: Das Management bekommt die Arbeitsbeziehungen beschert, die es verdient.

Welche der beiden genannten Grundeinstellungen ist vorzuziehen? X- oder Y-Theorie?

Die Sozialwissenschaften bestätigen die Y-Theorie als die wirkungsvollere.

Auch im Hinblick auf das Ziel der Integration von Mitarbeitern und Unternehmen entscheiden wir uns für die Y-Theorie.

Es ist also angebracht, die eigene Grundeinstellung zu erkennen und zu überprüfen:

– Welcher Einstellung – X oder Y – neige ich mehr zu?
  ....

– Sind mir die spezifischen Erfahrungen bewußt, aufgrund derer ich mich für die eine bzw. die andere Richtung entschieden habe?
  ....

– Wie bin ich meinem Chef/Kollegen/Miarbeitern/Familie gegenüber eingestellt?
  ....

– Sehe ich einen Zusammenhang zwischen meiner Einstellung, meinem Verhalten und den Reaktionen anderer darauf?
  ....

– Was werde ich tun, um mein Selbstbild zu prüfen?
  (z. B. beobachten, andere fragen)
  ....

Falls wir X-Theoretiker sind, was ist zu tun, um zu einer Y-theoretischen Einstellung zu gelangen?

Drei Wege sind gangbar:

1. Ein erster Weg geht über die unmittelbare *Einstellungsänderung* X- zum Y-Theoretiker.

Selbst wer auf diese Weise Y-Theoretiker wird, muß sich nicht zwingend auch so verhalten. Denn Einstellungsänderungen bewirken häufig keine unmittelbaren Verhaltensänderungen. Nicht immer wird der Saulus blitzartig zum Paulus.

2. Ein zweiter Weg der Einstellungsänderung führt über die *Änderung des Verhaltens*.
Es gibt Führungskräfte, die ständig kleiner Fehler wegen an ihren Mitarbeitern herumnörgeln, echte Leistungen aber nicht anerkennen. Kleine Fehler sind auch einmal zu übersehen und echte Leistungen bewußt anzuerkennen, zu fördern. Ist es verwunderlich, wenn Mitarbeiter auf solches Verhalten mit Hilfsbereitschaft und Einsatzfreude reagieren? Geht es uns anders, wenn wir anerkannt werden? Die positive Reaktion der Mitarbeiter führt zum „Aha-Effekt" bei der Führungskraft: „Die sind ja gar nicht so schlimm, wie ich immer dachte." Die Einstellung beginnt sich zu ändern, nachdem das eigene Verhalten − Anerkennung statt Tadel − sich positiv ausgewirkt hat.

3. Der dritte Weg der Einstellungsänderung ist der über die *Änderung der Situation*, der organisatorischen Rahmenbedingungen.
Praktisch heißt das: Kooperation fördert die positive Einstellung der Organisationsmitglieder zueinander. Heute heißt es allerdings noch in vielen Unternehmen: „Konkurrenz ist im Unternehmen notwendig, sonst wird ja doch nichts geleistet." Im „Kampf aller gegen alle" aber wird Leistung vergeudet, werden Energien verschlissen.
Besser geht es nach dem Motto:
„Kooperation bringt mehr Leistung und Zufriedenheit."
Trennen wir uns also vom Konkurrenzprinzip, fördern wir statt dessen *Kooperation*.

Einstellungsänderungen können lange dauern.

Das hat Nachteile − aber auch zwei Vorteile. Hier die *zwei Vorteile:*

− Der Zeitraum, der notwendig sein kann, um Einstellungen dauerhaft zu ändern, schützt gegen Manipulation. Die in dieser Zeit besonders hohe Kritikbereitschaft schützt davor, das Mäntelchen nur in den Wind zu hängen, ohne wirklich überzeugt zu sein.

− Ständigem Bemühen wird widerspruchsfreies Handeln folgen. Wir werden unseren Mitarbeitern nicht einerseits neue und verantwortungsvolle Aufgaben übertragen, ihnen andererseits aber in entscheidenden Fragen das Wort verbieten.

Konkret: Eine Führungskraft, die kritisch den Nutzen der Y-Theorie und der Kooperation geprüft hat und sich erst dann entscheidet, nützt Unternehmen und Mitarbeitern mehr als die Führungskraft, die kritiklos und ohne innere Überzeugung Vorschläge übernimmt:

Lieber ein echter Kooperativer nach zwei Monaten als ein falscher Kooperativer nach 14 Tagen.

Fassen wir die acht Erkenntnisse zusammen:

1. Wir unterscheiden zwei Grundeinstellungen:
   - Die *X-Theorie* sagt:
     - Der Mensch ist faul,
     - er ist arbeits- und verantwortungsscheu,
     - daher muß er kontrolliert und zur Arbeit gezwungen werden.
   - Die *Y-Theorie* sagt dagegen:
     - Der Mensch ist fähig und bereit, kreativ zu werden, wenn man ihn nur läßt,
     - geistiger und körperlicher Einsatz sind für ihn natürlich,
     - der Mensch spornt sich selbst an,
     - er ist bereit, Verantwortung zu tragen,
     - er ist zur Selbstkontrolle willig und fähig.

2. Jede Einstellung einer Führungskraft zieht entsprechendes Führungsverhalten nach sich.

3. Jedes Verhalten einer Führungskraft ruft entsprechende Reaktionen beim Mitarbeiter hervor.

4. Diese Reaktionen der Mitarbeiter bestätigen wiederum die Einstellung der Führungskraft.

5. Die Y-theoretische Einstellung ist vorzuziehen.

6. Um eine Einstellung von X nach Y zu ändern, sind drei Wege gangbar:
   a) Die Einstellung unmittelbar ändern,
   b) sich um ein Y-theoretisches Verhalten bemühen. Über eine Änderung des Verhaltens und das Registrieren der Auswirkungen kann sich auch die Einstellung ändern.
   c) Situationen, organisatorische Rahmenbedingungen schaffen, die eine Y-theoretische Einstellung fördern.

7. Einstellungsänderungen können lange dauern.

8. Die lange Dauer der Einstellungsänderung schützt vor Manipulation und führt zu widerspruchsfreiem Verhalten.

Soviel zur richtigen Einstellung zum Mitarbeiter.

2.3 Welche Verhaltensmuster gibt es für Führungskräfte?

Um sich auf dem Hintergrund einer Y-theoretischen Einstellung auch richtig lokomitiv und kohäsiv verhalten zu können, braucht eine Führungskraft, basierend auf ihrem Situationsgespür, zwei Verhaltensmuster:
- Eine Führungskraft wird dann lokomotiv sein, wenn sie über action flexibility verfügt.
- Eine Führungskraft wird dann kohäsiv sein, wenn sie über social sensibility verfügt.

Grundfunktionen der Führung und Führungsfähigkeiten

Führungsfunktionen	Führungsfähigkeiten
Kohäsion Herbeiführen und Aufrechterhalten der Stabilität der Gruppe	*social sensibility* Gespür für das Verhalten von Individuen und Gruppen
Lokomotion Beeinflussen der Gruppe zum Erreichen des Gruppenzieles	*action flexibility* sich auf wechselnde Situationen flexibel einstellen

Was heißt action flexibility? Wörtlich übersetzt „Beweglichkeit im Handeln".
Action flexibility ermöglicht,
- entweder: ein Verhalten zu praktizieren, das der Situation angemessen ist (Verhaltensänderung)
- oder: die Situation so zu verändern, daß man mit ihr leben kann (Situationsänderung)

Situationsgespür
als Voraussetzung für die Änderung
↙ ↘
des eigenen Verhaltens   der Situation

> Ein guter Vorsatz: „Ich möchte den Mut haben, zu ändern, was ich ändern kann, die innere Gelassenheit, mich mit dem abzufinden, was ich nicht ändern kann, und die Weisheit, den Unterschied zu erkennen." *(Pietistisches Gebet)*

Hierzu ein *Beispiel:*

Einer Gruppe amerikanischer Manager wurde bei einem Auswahltest unter anderem die Aufgabe gestellt, einen Fluß zu überqueren. Um zu schwimmen, war der Fluß jedoch zu breit, zu reißend und voller Strudel. Bäume für den Bau einer Brücke oder eines Floßes gab es weit und breit nicht. Das notwendige Werkzeug war auch nicht vorhanden. Es war absolut unmöglich, das andere Ufer zu erreichen.

Einer der Manager erkannte dies nach kurzer Zeit und schlug vor, im nächsten Gasthaus ein Bier zu trinken. Die Gruppe folgte ihm. Der Manager wurde angestellt. Sein Ziel war erreicht. Er hatte action flexibility bewiesen.

Was heißt social sensibility?

Wörtlich übersetzt: „soziales Empfinden."

Social sensibility bezeichnet das Gespür für das Verhalten von Individuen und Gruppen.

Dieses Gespür fehlt manchen Führungskräften.

Woran liegt das?

Ein Grund für mangelnde social sensibility ist unsere starke Rationalität, der Zwang zum logischen Denken. Das haben wir während unserer Ausbildung zum Ingenieur, zum Volks- und Betriebswirt, Mathematiker und Juristen mitbekommen. Wir sind geübt, Gefühle zu unterdrücken. So haben wir soziale Intelligenz und Kompetenz zugunsten einseitiger Fach-Intelligenz verlernt.

Ein anderer Grund ist, daß manche Führungskräfte glauben, tatsächliche oder eingebildete Unzulänglichkeiten überspielen zu müssen. Sie tun dies durch einseitiges Hochspielen von Kontrollgewalt. Sie werden dadurch blind gegenüber eigenen und fremden Gefühlen.

So kommt es, daß Führungskräfte häufig unfähig sind, konfliktträchtige Spannungen in Gruppen und persönliche Probleme der Mitarbeiter rechtzeitig zu diagnostizieren. Nach einer Imagestudie ist der deutsche Manager charakterisiert durch *Abwesenheit von Wärme und Sympathie.*

Hier als Beispiel die Aussage über einen ehemaligen Bonner Minister von einem seiner engsten Mitarbeiter:

Er „... lebt in der Vorstellung, alle Welt sei für ihn da. Er vergißt dabei, anderen das Gefühl zu vermitteln, daß auch er für alle Welt da sein sollte."

Solche Äußerungen von Mitarbeitern finden wir nicht selten. Müssen wir uns noch über Beschwerden, Kündigungen und unter Umständen offene Sabotage wundern, wenn Führungskräfte zwischen den Menschen, aber nicht mit ihnen leben?

Führungskräfte können mit mehr gegenseitigem Vertrauen, mit mehr Respekt und besserer Kommunikation rechnen, wenn sie
- sich in ihre Mitarbeiter hineindenken,
- sich für die Erwartungen ihrer Mitarbeiter interessieren,
- ihre Mitarbeiter bei ihren Entscheidungen berücksichtigen,
- unmittelbaren Kontakt schaffen,
- sich für die Wechselbeziehungen zwischen den Gruppenmitgliedern aufgeschlossen zeigen.

Eine Führungskraft, die sich so verhält, zeigt, daß sie über social sensibility verfügt, daß sie die Forderung nach Kohäsion erfüllt.

Mit der folgenden Check-Liste können Sie sich fragen, wie es mit Ihrem „Gespür" für andere Menschen aussieht.

Check-Liste zur sozialen Sensitivität Sind Sie auf Problem- oder Konfliktsituationen vorbereitet?		
	bekannt	unbekannt
1. Welcher Mitarbeiter ist einer größeren arbeitsmäßigen Belastung am wenigsten gewachsen?	☐	☐
2. Welcher Mitarbeiter wird bei einer psychischen Belastung als erster „durchdrehen"?	☐	☐
3. Welcher Mitarbeiter ist am unselbständigsten und beansprucht mehr von Ihrer Zeit als notwendig?	☐	☐
4. Wer bewegt sich unter Ihren Mitarbeitern am sichersten?	☐	☐
5. Kennen Sie die Kollegen, die Sie „auf die Palme bringen"?	☐	☐
6. Wissen Sie, ob Sie sich eine Depression anmerken lassen?	☐	☐
7. Was tun Sie, wenn sich ihr Chef ungerechtfertigt über Sie ärgert?	☐	☐
8. Wer von Ihren Mitarbeitern reagiert auf Kritik am empfindlichsten?	☐	☐
9. Welche Methoden helfen Ihnen, um mit Ärger fertig zu werden, der während der Arbeit aufkommt?	☐	☐
10. Wie verhalten Sie sich gegenüber jemandem, der wütend ist?	☐	☐

Anmerkung:

Wenn Sie bei kritischer Selbstprüfung mehr als drei dieser Fragen in der Spalte „unbekannt" ankreuzen, liegen Sie unter der Norm dessen, was an sozialer Sensitivität gefordert wird.

Offen bleibt die Frage nach den Eigenschaften, über die eine Führungskraft verfügen sollte. Trotz zahlreicher Untersuchungen ist diese Frage nicht befriedigend zu beantworten.

In zahlreichen Katalogen werden zwar Managereigenschaften aufgeführt aber:

- Was nützt uns beispielsweise alle Initiative, wenn wir in einem verschlafenen Betrieb arbeiten?
- Was nützt alles Durchhaltevermögen, wenn die Situation rhetorische Ausstrahlungskraft erfordert?
- Was nützt Dynamik, wenn die Situation zwingt, statisch zu sein?

Alle Eigenschaften nützen also nur dann etwas, wenn sie der jeweiligen Situation entsprechend eingesetzt werden können.

Die beiden umfassenden Verhaltensmuster *„action flexibility"* und *„social sensibility"* sind aber von der Situation unabhängig. Sie sind gesicherte Verhaltensmuster für Führungskräfte.

Fassen wir im *Überblick* zusammen:

- Action flexibility ist die Fähigkeit, sich auf wechselnde Situationen flexibel einzustellen, um seine Ziele zu erreichen.
- Social sensibility bezeichnet das Gespür für Verhalten von Individuen und Gruppen.
- Es gibt keine allgemein verbindlichen Führungseigenschaften. Der Grund dafür: Eigenschaften nützen nur dann, wenn sie der jeweiligen Situation entsprechend eingesetzt werden können.
- Action flexibility und social sensibility aber sind von der Situation unabhängige, umfassende Verhaltensmuster für Führungskräfte.

2.4 Welches sind die wichtigsten Führungsaufgaben?

Welche einzelnen Führungsaufgaben werden auf dem Hintergrund von Lokomotion und Kohäsion wahrgenommen?

Wir meinen, es gibt neun wichtige Führungsaufgaben.

- Mitarbeiter auswählen, beurteilen, fördern
- Anstoß zur Problemfindung

- Ziele vereinbaren
- Planen lassen
- Entscheiden (lassen)
- Delegieren, koordinieren, organisieren
- Informieren
- Motivieren
- Reifegradspezifisch kontrollieren

Wir skizzieren jetzt diese neun Führungsaufgaben. Finden Sie bitte selbst heraus, welche der neun Führungsaufgaben mehr zielgerichtet – also mehr lokomotiv – und welche auf die Gruppe ausgerichtet – also mehr kohäsiv – sind. Prüfen Sie bitte auch, welche Aufgaben sowohl Lokomotions- als auch Kohäsionselemente beinhalten.

2.4.1 Mitarbeiter auswählen, beurteilen, fördern

„Investitionsrechnungen beim Kauf von Maschinen sind sinnlos, wenn man beim Engagieren von Mitarbeitern nachlässig verfährt" *(v. Krackow).*

Und *Peter Drucker* meint: „Alle guten Manager, die ich kenne, verbringen eine Menge Zeit damit, sich zu fragen, „für was ist er/sie wirklich geeignet? Wo gehört er/sie eigentlich hin? Gehört er/sie vielleicht gar nicht hierher?"

Was heißt Mitarbeiter *auswählen*? (siehe hierzu Abb. 7, S. 34)

Sinnvolle Mitarbeiterauswahl setzt zunächst die Analyse der Stelle voraus, die es zu besetzen gilt. Ziel ist es, die Anforderungen der Stelle exakt zu erfassen.

Diese Anforderungen sind notwendig für eine gezielte Personalsuche und um die Frage beantworten zu können: Wann ist ein Bewerber für diese Position als geeignet anzusehen?

Mit Auswahlinstrumenten wie Lebenslaufanalyse, psychologischen Testverfahren, Interview und Gruppengespräch werden die Bewerber auf ihre Eignung geprüft.

In periodischen Abständen *beurteilt* die Führungskraft ihre Mitarbeiter.

Was wird beurteilt?

1. Erreicht der Mitarbeiter die vereinbarten Ziele?
2. Hält er/sie die vereinbarten Termine ein?
   Liefert er/sie die vereinbarte Qualität und Quantität?
   Bleibt er/sie im Rahmen seines/ihres Budgets?

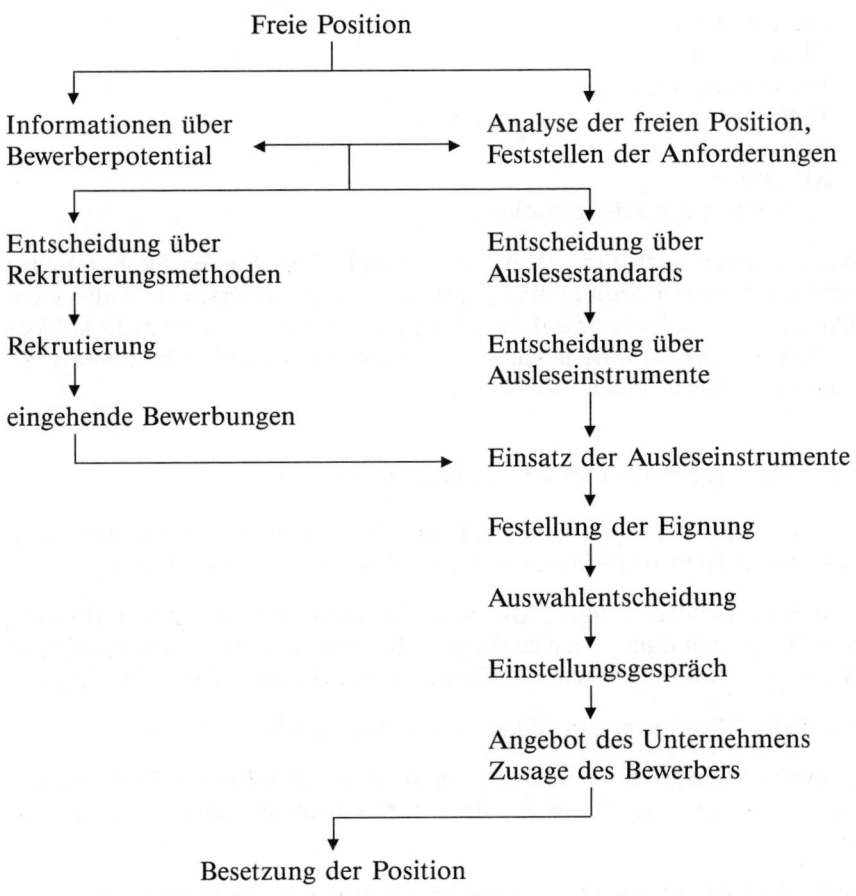

Abb. 7: Vorgehen bei der Mitarbeiter-Auswahl (nach *Rolf Rüttinger*)

3. Wie arbeitet der Mitarbeiter mit Kollegen und Führungskräften zusammen?
   Bei Führungskräften lautet diese Frage: Wie ist ihr Führungsverhalten?
4. Wie selbständig arbeitet er/sie? (Wie ist sein/ihr „Reifegrad"? (siehe S. 48 ff.)

Beurteilungen nützen nur dann etwas, wenn der Mitarbeiter ihren Inhalt kennt. Daher ist die Aussprache über die Beurteilung, das Förderungsgespräch, unbedingt notwendig. Nur die Aussprache über die Beurteilung stellt sicher, daß die zwei Schwerpunktziele des Mitarbeiter-Gesprächs erreicht werden:

– Ein regelmäßiges Gespräch zwischen Führungskraft und Mitarbeiter, das zum Verständnis für die beiderseitigen Probleme beiträgt und damit die Zusammenarbeit, die Kohäsion, fördert. „Entscheidend ist nicht die feste Form des Bewertungsverfahrens, sondern das *Klima,* in dem das Gespräch stattfindet" (nach *Edwards*).
– Eine sinnvolle Förderung des Mitarbeiters, die sowohl die Interessen des Mitarbeiters als auch die des Unternehmens berücksichtigt. Sonst sind allenfalls kurzfristige Erfolge zu erwarten.

Wie können *Förderungsmaßnahmen* aussehen?

Einige *Beispiele* für Förderungsmaßnahmen:

– Training kann dazu beitragen, Mitarbeiter zu anspruchsvolleren Aufgaben zu befähigen. Sofern möglich, ist Training am Arbeitsplatz einem Training im „Klassenzimmer" vorzuziehen.
– Eine andere Förderungsmöglichkeit besteht im systematischen Arbeitsplatzwechsel (job rotation) bzw. der Arbeitsbereicherung (job enrichment). Beides dient dazu, die Einsatzmöglichkeiten des Mitarbeiters zu erweitern bzw. zu bereichern.
– Wendet der Mitarbeiter seine Erfahrungen erfolgreich an, ist beruflicher Aufstieg eine weitere Förderungsmöglichkeit.

Durch Förderungsmaßnahmen wird dem Mitarbeiter geholfen, seine mit dem Chef als Vertreter der Organisation vereinbarten Ziele effizienter zu erreichen. Darüber sollte nicht vergessen werden, auch die Organisation unter die Lupe zu nehmen. Wo und wodurch kann die Organisation an die Mitarbeiter angepaßt werden?

Hier einige mögliche Maßnahmen:

– „Maßschneidern" von Arbeitsplätzen für Mitarbeiter mit bestimmten Qualifikationen
– Korrektur von Arbeitsrichtlinien
– Zusammenstellen besonders leistungsfördernder Arbeitsgruppen aus Mitarbeitern, die sich gut miteinander verstehen.

2.4.2 Anstoß zur Problemfindung

Was ist ein Problem?

Ein Problem liegt dann vor, wenn etwas nicht so ist, wie es sein sollte.

Grundsätzlich ist ein Problem also die Abweichung eines „Ist" von einem „Soll". Es ist insbesondere die Aufgabe von Führungskräften, solche Abweichungen zu suchen und zu erkennen, ihre Ursache zu analysieren und die

Abweichung zu korrigieren oder auch zu *veranlassen*, daß dies alles durch die Mitarbeiter und mit ihnen gemeinsam geschieht.

Zu unterscheiden sind drei Problemarten:

a) aktuelle Probleme, z. B. hoher Ausschuß
b) potentielle Probleme, z. B. Gefahr erhöhten Ausschusses aufgrund von Widerstand der Mitarbeiter der Qualitätskontrolle gegen ein neues Prüfverfahren
c) innovatorische Probleme, z. B. bei der Zielsetzung, ein neues Produkt zu entwickeln.

Anstoß zur Problemfindung heißt:

1. Probleme suchen und erkennen
2. Probleme definieren
3. Probleme analysieren
4. Probleme lösen

Zu Punkt 1: „Probleme suchen und erkennen"

Je nach Problemart heißt das:

a) gegenwärtige Probleme erkennen, zum Beispiel die hohe Fluktuation;
b) künftige Probleme voraussehen, wie den potentiellen Absturz der gesamten Führungsspitze eines Unternehmens, wenn diese mit ein und derselben Maschinen zu einer Tagung fliegt;
c) und schließlich Ziele setzen; beispielsweise Anpassung der Organisation an die geänderten Umweltbedingungen.

Zu Punkt 2: „Probleme definieren"

d. h., die Abweichung zwischen „Ist" und „Soll" exakt bestimmen.

a) Bei einem gegenwärtigen Problem, z. B. zu hoher Fluktuation, wird die Abweichung der Fluktuation vom vereinbarten Standard ermittelt.
b) Bei potentiellen Problemen, wie dem Verlust der gesamten Führungsmannschaft, werden die Folgen eines solchen Ereignisses im einzelnen definiert.
c) Bei innovatorischen Problemen wird präzis festgestellt, „was ist und wie soll es sein". Zum Beispiel: es besteht eine funktionsorientierte Organisation. Diese soll in eine produktorientierte Organisation umgewandelt werden.

Zu Punkt 3 und 4: „Probleme analysieren und Probleme lösen"

Hier geht es darum, das Problem auf seine Ursachen hin zu untersuchen. Erst wenn die Ursache eines Problems festgestellt ist, können Maßnahmen ergriffen werden, um es zu beseitigen bzw. zu verhüten:

Erst die Diagnose, dann die Therapie.

Hierzu ein *Beispiel:*

> Der Personalleiter eines Betriebes stellte fest: „Die Fluktuation ist zu hoch." Die erste Frage der Verantwortlichen lautete: „Welche Maßnahmen ergreifen wir?" Rasch kam die Antwort: „Wir müssen die Meister in Mitarbeiterführung schulen." Die Meisterschulung blieb jedoch ohne Erfolg.

Was war falsch gemacht worden? Falsch war, daß man eine Therapie ohne exakte Diagnose einleitete. Die erste Frage hätte nicht lauten dürfen: „Welche Maßnahmen ergreifen wir?"

Zunächst wäre zu diagnostizieren gewesen: „Warum ist die Fluktuation höher als sie sein sollte?" Als man sich diese Frage stellte, war schon einiges Geld verschwendet worden.

Das Ergebnis der Diagnose lautete übrigens:

Unklare Personalpolitik und einseitig aufgabenorientierter Führungsstil des Betriebsleiters. Also Lokomotion ohne Kohäsion.

Anstoßen zur Problemfindung heißt also:

1. Probleme suchen und erkennen
2. Probleme definieren
3. Probleme analysieren
4. Probleme lösen

2.4.3 Ziele vereinbaren

Nun zur dritten Führungsaufgabe: „Ziele vereinbaren"
Wozu eigentlich Ziele?

1. Damit man weiß, wohin man will. Denn: „Wer nicht weiß, wohin er will, darf sich nicht wundern, wenn er ganz woanders ankommt."
2. Damit man die richtigen Maßnahmen ergreift, um das Ziel zu erreichen. Denn: „Wer das Ziel nicht kennt, findet auch Mittel und Wege nicht, um es zu erreichen."
3. Damit man das Erreichte mit dem Erstrebten vergleichen kann. Ziele sind Maßstäbe, an denen Ergebnisse gemessen werden. Daher gilt: „Keine Kontrolle ohne Zielvereinbarung", aber auch „keine Zielvereinbarung ohne Kontrolle".

Wie kommen Ziele zustande?

Führungskräfte vereinbaren die Ziele mit ihren Mitarbeitern.

Hier eine zusammenfassende Darstellung:

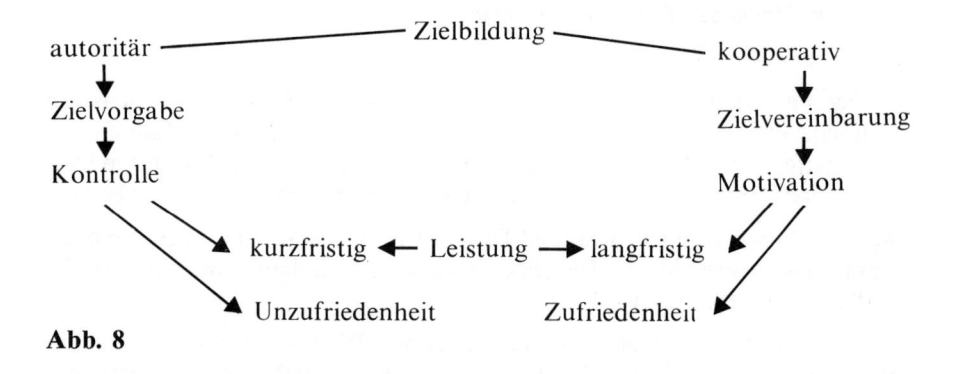

```
autoritär ———————— Zielbildung ———————— kooperativ
   ↓                                        ↓
Zielvorgabe                            Zielvereinbarung
   ↓                                        ↓
Kontrolle                               Motivation
         ↘    kurzfristig  ← Leistung →  langfristig   ↙
            ↘  Unzufriedenheit        Zufriedenheit  ↙
```
Abb. 8

Was heißt Zielvereinbarung?

Zielvereinbarung steht in krassem Gegensatz zur Zielvorgabe.

Zielvorgabe entspricht der Durchsetzung von Macht, ist Vorschrift, Befehl, Druck, Zwang.

Daraus können resultieren:

Passivität, Lähmen und Einengen spontaner und schöpferischer Handlungen, Spannungen und Konflikte, Ablehnen der Ziele und Widerstand.

Was folgt daraus? Schlechte Ergebnisse.

Ein *Beispiel* soll diesen Gedankengang verdeutlichen:

> Nehmen wir an, Sie grübeln über einer kritischen Phase Ihres wichtigsten Projekts. Ihr Chef überrascht Sie nun mit einer „im stillen Kämmerlein" getroffenen Entscheidung: „Ich wünsche, daß Sie folgendermaßen vorgehen."

In welchem Fall werden Sie die kritische Projektphase besser überwinden?

Wenn Ihnen die Entscheidung auf diese Weise vorgegeben wird oder wenn Sie an der Entscheidungsbildung teilhaben, Ihre Meinung äußern und ein Plädoyer für Ihre eigenen Ansichten halten können?

Selbst wenn Sie mit Ihrem Chef äußerst loyal zusammenarbeiten, wird Ihre Motivation zur Durchführung der vorgegebenen Entscheidung unbewußt geringer sein, als wenn Ihr Chef Sie an der Entscheidung beteiligt hätte. So wird die Güte der vorgegebenen Entscheidung mit Ihrer geringeren Motivation multipliziert. Das Ergebnis ist nicht optimal.

Verdeutlichen wir diesen Zusammenhang an einer einfachen *Faustformel:*

> Ergebnis = Güte der Entscheidung × Motivation zu ihrer Durchsetzung

Bei Vorgabe der Entscheidung z. B.:
2400 = 80 × 30

Bei einer gemeinsamen Entscheidung z. B.:
8100 = 90 × 90

Was ist nun Zielvereinbarung?

Zielvereinbarung ist wechselseitige Abstimmung aller Ziele zwischen Führungskraft und Mitarbeiter.

Zielvereinbarung führt zur Gemeinsamkeit der Ziele, zur Integration der Ziele von Mitarbeiter und Unternehmen, zur Zielidentifikation. Mitarbeiter können sich frei entfalten, sich selbst regeln und selbst kontrollieren. Das Resultat ist ein gutes Arbeitsergebnis und ein zufriedener Mitarbeiter, der vor seiner eigenen Leistung den Hut ziehen kann.

Wie dürfen Ziele nicht formuliert sein?

Hier ein *Beispiel:*

Ein Ministerium vergab einen Auftrag zum Thema: „Benutzung von Kommunikationsmedien." Der Auftraggeber interpretierte: „Kritisches Benutzen von Medien." Nach zwei Jahren, als das Projekt abgeschlossen werden sollte, wurde die Diskrepanz zwischen den Zielvorstellungen festgestellt. Der Schaden betrug mehr als eine Million DM.

Ziele sind so zu formulieren, daß

1. alle Beteiligten das gleiche darunter verstehen,
2. die Zielerreichung gemessen werden kann.

Ein *Beispiel:*

„Die personalpolitischen Grundsätze unseres Unternehmens müssen bis zum 1. Mai nächsten Jahres so formuliert sein, daß jede Führungskraft daraus ihre Maßnahmen im Bereich der Mitarbeiterführung ableiten kann."

Dieses Ziel ist inhaltlich, zeitlich und qualitativ festgelegt. Quantitative Aussagen beispielsweise zum Aufwand, zur Frage: „Was darf es kosten?", sollten ebenfalls nicht fehlen.

(Details zur Technik der Zielvereinbarung finden Sie in Heft 7 der Arbeitshefte Führungspsychologie „Arbeitsmethodik I" und generelle Ausführungen zu Management by Objectives im Heft 3 dieser Reihe.)

2.4.4 Planen

„Planen und Entscheiden" sind die vierte und fünfte Führungsaufgabe. Für beide gilt zuerst: Kann ich planen und entscheiden *lassen*?

Was ist Planen? Planen ist entweder

- die Suche nach dem kürzesten Weg, auf dem man mit geringstmöglichem Aufwand zum vorher festgelegten Ziel kommt oder
- die Suche nach den Wegen, auf denen man bei vorgegebenem Aufwand ein optimales Ziel erreicht.

Beide Möglichkeiten erklären die Frage: „Warum eigentlich Planen?"

Durch Planen werden Umwege und Sackgassen vermieden.

Wie geht man vor?

Der Planungsvorgang umfaßt drei wichtige Schritte:

1. Es müssen Wege, Vorgehensweisen, vom Problem zum Ziel hin gefunden und in ihren einzelnen Abschnitten festgelegt werden.
   Soll beispielsweise ein Verwaltungsgebäude gebaut werden, so sind Fragen zu beantworten wie: Wo soll das Gebäude errichtet werden? Welche Baufirma, welcher Architekt soll beauftragt werden? usw.

2. Um derartige Fragen beantworten zu können, müssen Informationen gesammelt und ausgewertet werden.
   Beispielsweise wird eine Liste mit Standorten angelegt, die in die engere Wahl kommen.

3. In einem dritten und letzten Schritt werden alle unrealistischen Möglichkeiten abgelehnt. Also alle die Möglichkeiten, die den Zielen, die ein „Muß" darstellen, nicht genügen. Jeder Vorschlag für das Verwaltungsgebäude wird beispielsweise dann abgelehnt, wenn nur Raum für 200, aber nicht für die geforderten 300 Mitarbeiter verfügbar ist, wenn das Gebäude erst nach einem festgelegten Termin fertig ist.

Der Planungsvorgang – also Suche nach Wegen zum Ziel, Sammeln von Informationen, Ablehnen unrealistischer Möglichkeiten – wird abgeschlossen, indem entschieden wird, welche Lösungsmöglichkeit realisiert werden soll.

Nach *Vroom/Yetton* gibt es für Führungskräfte folgende Varianten der Entscheidungsbildung (Abb. 9):

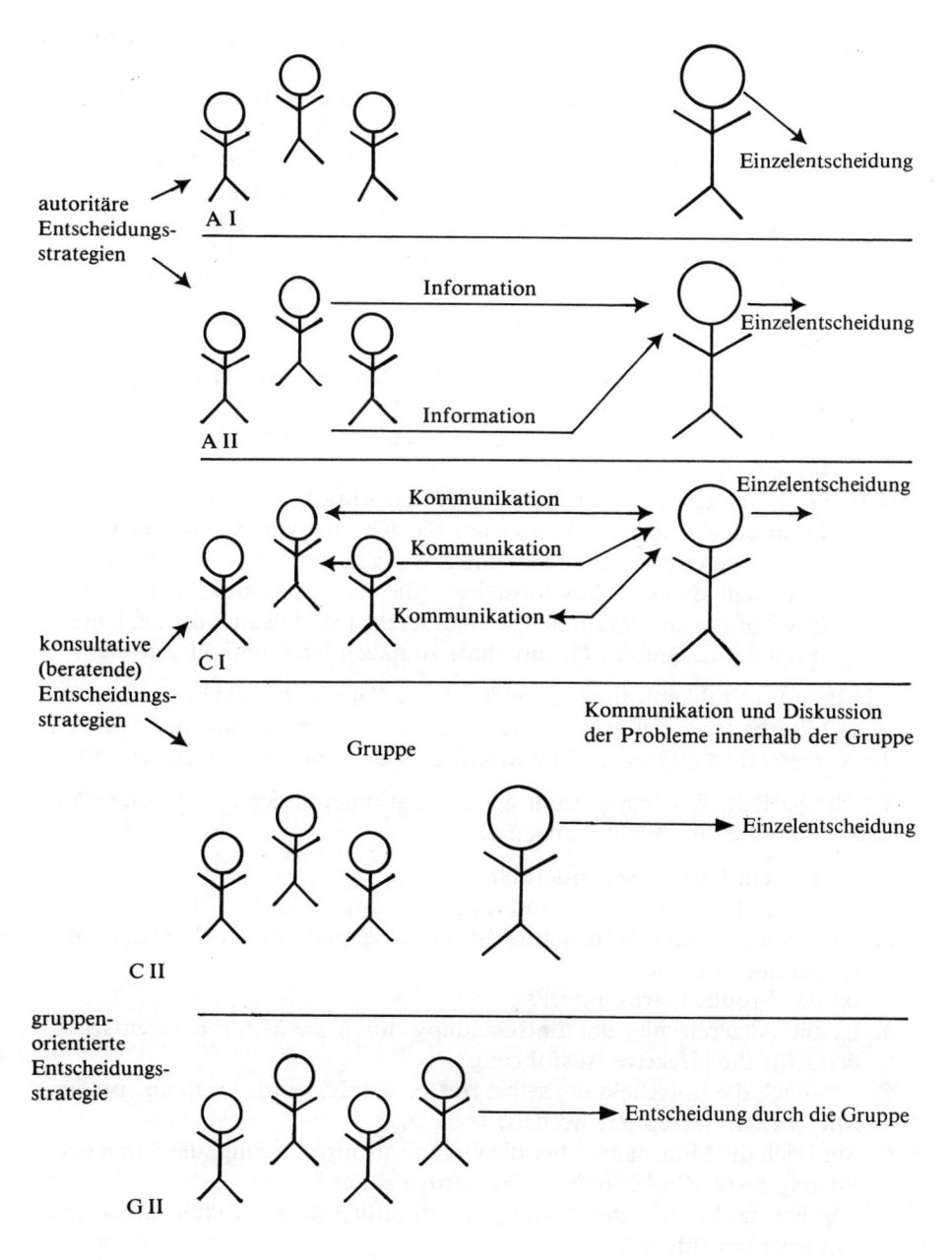

Abb. 9

A I Sie lösen das Problem selbst bzw. Sie entscheiden aufgrund der Ihnen bekannten Informationen.

A II Sie beschaffen sich von Mitarbeitern notwendige Informationen und entscheiden dann selbst über die Lösung des Problems. Sie können (oder auch nicht) dem Mitarbeiter das Problem bekanntgeben, während Sie ihm den Auftrag zur Informationsbeschaffung erteilen.

C I Sie besprechen das Problem mit den betroffenen Mitarbeitern einzeln. Sie nehmen ihre Ideen und Vorschläge auf, ohne die Mitarbeiter als Gruppe zusammenzunehmen. Dann entscheiden Sie. Ihre Entscheidung kann (oder auch nicht) den Einfluß der Mitarbeiter widerspiegeln.

C II Sie besprechen das Problem mit ihren Mitarbeitern in der Gruppe. Sie nehmen in der Gruppe die Ideen und Vorschläge auf. Dann entscheiden Sie. Ihre Entscheidung kann (oder auch nicht) den Einfluß der Mitarbeiter widerspiegeln.

G II Sie besprechen das Problem mit ihren Mitarbeitern in der Gruppe. Zusammen finden und bewerten Sie Alternativlösungen und versuchen, Übereinstimmung für eine Lösung zu erreichen. Ihre Funktion ist diejenige des Diskussionsleiters. Sie versuchen nicht, der Gruppe Ihre Lösung zu verkaufen. Sie sind bereit, jede Lösung, die die Unterstützung der ganzen Gruppe hat, zu akzeptieren und zu vertreten.

(„I" steht für Problemlösungen, an denen der Vorgesetzte und höchstens einzelne Mitarbeiter beteiligt sind. „II" steht für Problemlösungen, bei denen der Vorgesetzte die Mehrzahl der Mitarbeiter bzw. alle mitentscheiden läßt.)

Welche Variante letztlich gewählt wird, hängt unter anderem von folgenden sieben Entscheidungsbedingungen ab:

1. Gibt es ein Qualitätserfordernis?
   Ist vermutlich eine Lösung rationaler als eine andere?
2. Habe ich genügend Informationen, um eine qualitativ hochwertige Entscheidung zu treffen?
3. Ist das Problem strukturiert?
4. Ist die Akzeptierung der Entscheidung durch die Mitarbeiter entscheidend für die effektive Ausführung?
5. Wenn ich die Entscheidung selbst treffen würde, würde sie dann von den Mitarbeitern akzeptiert werden?
6. Sind sich die Mitarbeiter über die Organisationsziele einig, die durch eine Lösung dieses Problems erreicht werden sollen?
7. Werden die bevorzugten Lösungen vermutlich zu Konflikten unter den Mitarbeitern führen?

2.4.5 Entscheiden (lassen)

Die fünfte Führungsaufgabe ist „Entscheiden". Mit der Entscheidung wird der Planungsvorgang abgeschlossen.

Entscheiden heißt, aus den verbliebenen Lösungsmöglichkeiten die beste auszuwählen oder sie von den betroffenen und/oder beteiligten Mitarbeitern auswählen zu lassen.

In unserem Beispiel also gilt es, den besten Vorschlag für das Verwaltungsgebäude festzustellen.

Wann ist er am besten?

Eine Lösungsmöglichkeit ist dann optimal, wenn sie zwei Bedingungen erfüllt:
1. Sie hat – wie gesagt – den „Muß-Zielen" gerecht zu werden.
2. Sie sollte zusätzlichen Anforderungen, sogenannten „Wunsch-Zielen", am nächsten kommen. Hier ist die Zielerreichung keine absolute Bedingung, aber wünschenswert. Zugleich sollte die Lösung die potentiellen Problem am besten von allen Lösungsmöglichkeiten berücksichtigen. Nicht immer allerdings wird es eine Lösungsmöglichkeit geben, die den Wunschzielen am nächsten kommt und zugleich die wenigsten potentiellen Probleme mit sich bringt.

Dann kann eine Lösung im Vergleich zu anderen auch optimal sein, wenn sie die zusätzlichen Wünsche zwar am besten erfüllt, andererseits aber mehr potentielle Probleme mit sich bringt als andere Lösungsmöglichkeiten oder auch umgekehrt. Auch kann es möglich sein, daß die optimale Lösung weder den Wunsch-Zielen am nächsten kommt, noch potentielle Probleme am besten berücksichtigt und dennoch am besten abschneidet, weil die Muß-Ziele erfüllt wurden.

2.4.6 Delegieren, Koordinieren, Organisieren

Was heißt Delegieren?
Delegieren heißt wörtlich „Übertragen".
Was wird übertragen?
1. Jede *Aufgabe,* die Mitarbeiter wahrnehmen können.
   Die Führungskraft fragt sich bei jeder neuen Aufgabe: „Wozu dient sie?" und „Wer kann sie übernehmen?"
2. Die zu dieser Aufgabe erforderliche *Kompetenz,* also die Befugnisse, die der Mitarbeiter benötigt, um die Aufgabe selbständig bewältigen zu können.
3. Die der Aufgabe und Kompetenz entsprechende *Verantwortung.*

Wir unterscheiden:

nicht-delegierbare Aufgaben	delegierbare Aufgaben
– Mitarbeiter-Auswahl – Anstöße geben zur Problemfindung – Ziele vereinbaren – Delegieren – Koordinieren – Motivieren – Reifegrad – spezifische Kontrolle – Mitarbeiter-Beurteilung – Mitarbeiter-Förderung	– Routine- – Spezial- } Aufgaben – Detail-
Motto: „Ein Manager wird nicht danach beurteilt, was er tun kann, sondern an dem, was er erreicht/bewirkt und (noch) kontrollieren kann"	Motto: „Manche kaschieren ihre Unfähigkeit zu managen durch Anhäufen von Arbeit"

richtig:

Aufgabe
Kompetenz
Verantwortung

entsprechen sich
= Delegation

falsch:

Aufgabe
Komp.
Verantw.

Der Mitarbeiter hat zwar die Aufgabe, nicht aber die dafür erforderliche Kompetenz und Verantwortung übertragen bekommen
= Abschieben von Aufgaben

Grob veranschaulicht verteilen sich die Aufgaben auf die verschiedenen Führungsebenen so (nach *H. Ulrich):*

Geschäftsleitung	langfristige Planung grundsätzliche Entscheidungen
Abteilungsleiter	Einzelentscheidungen
Gruppenleiter	Ausführung
Mitarbeiter	

Bis auf welche Stufe eines Unternehmens kann delegiert werden?

Delegiert wird bis zur untersten Stufe eines Unternehmens. Mit dieser Forderung wird sich das Management weiterhin besonders auseinanderzusetzen haben. Die Handlungsmaxime lautet: „Jedesmal, wenn einem Manager seine Arbeit routiniert von der Hand geht, sollte er sie schleunigst delegieren!"

Warum wird delegiert?

Hier die drei wichtigsten Antworten:

1. Führungskräfte sind keine Spezialisten, sondern Universalisten. Sie halten sich frei von Routine-, Detail- und Spezialistenaufgaben, frei für Führungsaufgaben. Erst danach wird es möglich, die Mitarbeiter zu Erfolgen zu führen. Delegation ist somit kein autoritätsminderndes Abschieben von Aufgaben, sondern steigert – bei Wahrnehmung der Führungsaufgaben – die Autorität einer Führungskraft. „Je mehr ich abgab, desto größer war mein Einfluß", konnte daher auch ein Top-Manager von General Motors mit Recht feststellen.

2. Jeder Mitarbeiter braucht – genauso wie jeder Manager – sein eigenes, selbstverantwortliches Aufgabengebiet. Das macht ihn zufrieden.

3. Je tiefer in der Hierarchie eine Aufgabe erledigt wird, desto kostengünstiger ist es für das Unternehmen.

Welche der folgenden drei Alternativen trifft auf Sie und Ihre nachgeordneten Führungskräfte zu?

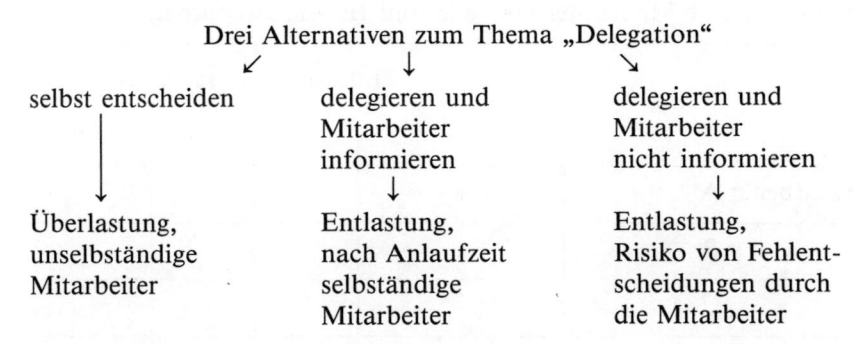

Drei Alternativen zum Thema „Delegation"

selbst entscheiden	delegieren und Mitarbeiter informieren	delegieren und Mitarbeiter nicht informieren
↓	↓	↓
Überlastung, unselbständige Mitarbeiter	Entlastung, nach Anlaufzeit selbständige Mitarbeiter	Entlastung, Risiko von Fehlentscheidungen durch die Mitarbeiter

(Die Möglichkeit, Ihre Delegationsfähigkeit zu testen, sowie Hinweise zur Technik der Delegation finden Sie in Band 7 der Arbeitshefte Führungspsychologie „Arbeitsmethodik I".)

Delegieren ist eng verbunden mit Koordinieren und Organisieren.

Was bedeuten diese beiden Führungsaufgaben?

Grundsätzlich müssen alle Delegationsbereiche untereinander abgestimmt und auf das gemeinsame Ziel ausgerichtet sein. Vorsicht vor Zäunen, Ressortegoismus und Kompetenzstreitigkeiten!

Die Delegationsbereiche werden abgestimmt durch Organisation und Koordination, d.h. durch zielgerichtetes, aufeinander abgestimmtes Regeln von Sachprozessen und menschlichen Beziehungen.

2.4.7 Informieren

Nun zur siebenten Führungsaufgabe: „Informieren."

Was ist das Ziel dieser Führungsaufgabe?

Das Ziel ist, sich selbst als Führungskraft und den Mitarbeitern das Wissen zu vermitteln, das notwendig ist, um die vereinbarten Ziele zu erreichen.

Worüber ist daher zu informieren?

Um Aufgaben optimal lösen zu können, sind fünf Informationsarten wichtig:

1. Information über das eigene Aufgabengebiet
2. Information über das Arbeitsergebnis
3. Information über andere Abteilungen und die Zusammenarbeit mit ihnen
4. Informationen über das Unternehmen
5. Informationen über die Stellung des Unternehmens in der Umwelt

Verfügen alle Ihre Mitarbeiter über alle fünf Informationsarten?

	Informationsart				
	1	2	3	4	5
Mitarbeiter A					
B					
C					
D					
E					

Bitte markieren Sie: + Mitarbeiter verfügt über die Information
− Mitarbeiter verfügt nicht über die Information

Kostet umfassende Information nicht zuviel Zeit?

Solche Informationen im Sinne kooperativer Führung erfordern mehr Zeit als ein anderes Führungsverhalten, insbesondere, wenn ein solcher Informationsstil neu eingeführt wird. Nach der Anlaufphase sinkt jedoch der für die Information benötigte Aufwand. Die Mitarbeiter haben ein umfassenderes Verständnis für die gegenseitigen Belange gewonnen. Sie denken ohne Scheuklappen.

Das bringt Vorteile wie:

- Vermeiden von Doppelarbeit.
- Rationalisierung der Informationswege durch erleichterte vertikale und Querinformation.
- Einberufen von Besprechungen nur noch bei Fragen, die wirklich durch eine Gruppe beantwortet werden müssen.
- Verringern von Fehlentscheidungen, weil nicht mehr nur der eigene Bereich, sondern die Auswirkungen einer Maßnahme auf andere Abteilungen einkalkuliert werden.

Trotz der Vorteile eines offenen Informationsstils findet sich noch häufig Widerstand dagegen. Es wird vor allem befürchtet, daß durch eine weitgehende Information die Geheimhaltung gefährdet wird.

Muß denn wirklich so viel geheimgehalten werden?

Die ironische Bemerkung in einem Management-Bestseller sollte uns stutzig werden lassen: *„Die Deutschen hüten ihre Geheimnisse wie die Spanier ihre Töchter."*

Ein Teilnehmer an einem Management-Seminar kommentierte: *„und beides nutzt nur selten."*

Was ist die Folgerung daraus?

Werden Informationen geheimgehalten, wird das Bestreben dahingehen, sich Informationen zu verschaffen.

Ein leidiges Produkt einer solchen Situation sind Gerüchte.

Ein anderes: Hat man wirklich eine geheime Information ergattert, wird man sie – natürlich unter dem Siegel strengster Vertraulichkeit – weitergeben. Man erhofft sich einen Prestigegewinn, denn immer noch wird Wissen als Macht angesehen. Heute jedoch gilt: Wissen *teilen* ist Macht – nicht Wissen haben.

Vertrauen Sie Ihren Mitarbeitern und weihen Sie sie rechtzeitig ein, können zusätzliche Informationen gewonnen werden. Es wird auch eine psychologische Barriere entstehen, die vor Geheimnisverrat schützt. („Mein Chef hat mir ja vertraut.")

2.4.8 Motivieren

Motivieren ist die achte Führungsaufgabe.

Was heißt Motivieren nicht?

Motivieren hießt nicht manipulieren. Manipulieren wir, so beeinflussen wir andere zu unserem Vorteil, ohne daß es diesen bewußt wird. Wir manipulieren, wenn wir den Handlungsspielraum unserer Mitarbeiter heimlich auf eine vorbestimmte Möglichkeit reduzieren.

Die Mitarbeiter tun in diesem Fall nur, was wir wollen. Sie sind *verführt* – nicht *geführt*.

Motivieren dagegen heißt, das freiwillige Engagement der Mitarbeiter für gemeinsame Ziele zu gewinnen.

Mitarbeiter können also nur motiviert werden, wenn die Zielerreichung nicht nur den Interessen der Unternehmung, sondern auch ihren eigenen Interessen dient. Führungskräfte haben dann richtig motiviert, wenn ihre Mitarbeiter am Ziel sagen: „Das alles habe ich aus eigenem Antrieb getan."

(Details zum Thema „Motivation" entnehmen Sie bitte den Bänden 4 und 9 der Arbeitshefte Führungspsychologie „Motivation" und „gezielte Verhaltensänderung".)

2.4.9 Reifegradspezifisch kontrollieren

Die neunte und letzte Führungsaufgabe ist „Kontrollieren".

Jede Zielsetzung verlangt, daß geprüft wird, ob sie auch erreicht wurde. Es gilt: „Keine Zielvereinbarung ohne Kontrolle" und außerdem: „Keine Kontrolle ohne Zielvereinbarung."

Jede hilfreiche Kontrolle des Mitarbeiters basiert auf einem vereinbarten Ziel. Um die Selbstverantwortlichkeit des Mitarbeiters zu fördern, ist die Fremd- und Ablaufkontrolle durch die Führungskraft, abhängig vom Reifegrad (Entwicklungsstand) des Mitarbeiters, sich selbst zu kontrollieren, auf ein Minimum zu beschränken. Die Fähigkeit des Mitarbeiters, sich selbst zu kontrollieren, ist auszuschöpfen und zu entwickeln.

Wird das vereinbarte Ziel nicht erreicht, werden die Abweichungen gemeinsam analysiert; Maßnahmen erfolgen nach dem Motto: „Keine Zielabweichung ohne Folgerung."

Der Kreis der Führungsaufgaben hat sich geschlossen.

Sie haben es sicher registriert: Die Aufeinanderfolge der neun Führungsaufgaben stellt nicht unbedingt eine chronologische Ordnung dar.

Und noch etwas: Wenn wir von Führungsaufgaben sprechen, dann heißt das nicht unbedingt, daß die Führungskraft alle diese Aufgaben hundertprozentig selbst wahrnehmen muß. Sie ist vorrangig *dafür verantwortlich, daß diese Aufgaben erfüllt werden.*

So kann sie beispielsweise Probleme zur Lösung an ihre Mitarbeiter delegieren oder mit ihnen gemeinsam lösen. Sie kann Zielvorschläge von den Mitarbeitern erbitten, die Mitarbeiter planen und entscheiden lassen. Sind Mitarbeiter selbst Führungskräfte, so nehmen diese selbst wieder für ihren Bereich die neun Führungsaufgaben eigenverantwortlich wahr.

Haben Sie geprüft, welche der neun Führungsaufgaben Lokomotion, welche Kohäsion und welche beide Aspekte beinhalten?

Sie haben sicher festgestellt, daß Kohäsion und Lokomotion bei der einen Führungsaufgabe mehr, bei der anderen weniger zu finden sind.

Kohäsion und Lokomotion stehen in einem ausgewogenen Verhältnis.

Kohäsion ist dabei die entscheidende Voraussetzung für Lokomotion. Ohne eine gute Gruppe gibt es keine Zielerreichung. Kohäsion und Lokomotion sollten auch Sie bei Ihren Führungsaufgaben gleichgewichtig wahrnehmen. Das heißt nun allerdings nicht, daß Sie jeden Abend gewissenhaft überprüfen: „Habe ich Kohäsion und Lokomotion im Verhältnis fünfzig zu fünfzig wahrgenommen?"

Kohäsionsphasen und Lokomotionsphasen können sich über längere Zeiträume abwechseln. Sie können aber auch gleichzeitig miteinander auftreten. Insgesamt aber muß das Verhältnis zwischen Lokomotion und Kohäsion ausgewogen sein. Ist es das nicht, dann läuft Ihnen entweder – mangels Kohäsion – Ihre Gruppe auseinander, und Sie erreichen deshalb Ihr Ziel nicht, oder Sie erreichen das Ziel mangels Lokomotion nicht.

Fassen wir nun den gesamten Abschnitt zum Thema „Führungskraft" zusammen:

- Führungskräfte sind keine Spezialisten. Führungskräfte sind Universalisten.
- Optimales Führen verlangt eine Y-theoretische Einstellung den Mitarbeitern gegenüber.
- Die Y-Theorie sagt:
    - Der Mensch ist fähig und bereit, kreativ zu werden, wenn man ihn nur läßt.
    - Geistiger und körperlicher Einsatz sind für ihn natürlich.
    - Der Mensch spornt sich selbst an.

- Er ist bereit, Verantwortung zu tragen.
- Er ist zur Selbstkontrolle willig und fähig.
- Auf der Basis einer Y-theoretischen Einstellung wird das Ziel der Integration von Mitarbeiter und Unternehmen am wirkungsvollsten angestrebt.
- Die Y-theoretische Einstellung kann auf drei Wegen erreicht werden:
  1. Es kann die Einstellung unmittelbar geändert werden.
  2. Auch ein Mehr an Y-theoretischen Verhaltensweisen wirkt auf die Einstellung zurück.
  3. Durch Ändern von Situation und organisatorischen Rahmenbedingungen läßt sich eine Y-theoretische Einstellung fördern.
- Die Dauer von Einstellungsänderungen schützt vor Manipulation und festigt widerspruchsfreies Verhalten.
- Optimales Führen verlangt ferner, daß Lokomotion und Kohäsion auf den zwei Verhaltensmustern action flexibility bzw. social sensibility beruhen.
- Action flexibility. Aktionsflexibilität, ist die Fähigkeit, sich auf wechselnde Situationen flexibel einzustellen oder die Situation zu verändern, um die Ziele zu erreichen.
- Social sensibility, soziale Sensibilität, ist das Gespür für das Verhalten von Individuen und Gruppen.
- Action flexibility und social sensibility sind umfassende Verhaltensmuster von Führungskräften.
- Es gibt neun wichtige Führungsaufgaben:
  1. Mitarbeiter auswählen, beurteilen, fördern
  2. Anstoß zur Problemfindung
  3. Ziele vereinbaren
  4. Planen
  5. Entscheiden
  6. Delegieren, Koordinieren, Organisieren
  7. Informieren
  8. Motivieren
  9. Kontrollieren

An diesen neun Führungsaufgaben zeigt sich, daß Kohäsion und Lokomotion etwa in einem ausgewogenen Verhältnis zueinander stehen.

Situationsgerechtes, kooperatives Führen

- ist nicht eine magische Formel, ein Allheilmittel;
- ist nicht ein Manipulationstrick;
- ist nicht Führungsverzicht, laisser-aller.

Kooperatives Führen heißt dagegen, einen Mitarbeiter bzw. eine Gruppe unter Berücksichtigung der jeweiligen Situation auf ein gemeinsames Ziel hin zu beeinflussen.

Oder wie es *Bennis* und *Nanus* formulieren: „Wir definieren Führung als die Fähigkeit, ... eine Vision eines wünschenswerten zukünftigen Zustands zu verwirklichen – mit und durch die freiwillige Kooperation anderer Menschen."

Soviel zum ersten Einfluß auf den Führungsprozeß, zur Führungskraft.

3. Der Mitarbeiter

3.1 Personalkostenexplosion und Arbeitsmarktveränderungen

Sie kennen Mitarbeiter, die ihren Kollegen die Kompetenzen streitig machen, die alles besser wissen, die Neulinge nicht zum Zuge kommen lassen, aus einer Mücke ständig einen Elefanten machen, Informationen zurückhalten, nach dem Motto „Wissen ist Macht" Gerüchte in die Welt setzen, sich für unabkömmlich halten, jede Teamarbeit im Keim ersticken.

Ganz offensichtlich sind das nicht die Mitarbeiter, von denen wir angenehm träumen. Nicht nur die Schwierigkeiten, die sie uns bereiten, sind unangenehm, auch die Kosten, die sie verursachen:

- Ein Mitarbeiter mit 50000,– DM Jahresgehalt kostet in 10 Jahren eine halbe Million DM – ohne Sozialaufwendungen.
- Die Personalkosten steigen weiter.

Technische Rationalisierung allein reicht nicht aus. Der Erfolg wird stark davon abhängen, wie wir mit unseren Mitarbeitern zusammenarbeiten.

Wir müssen also etwas dafür tun,

a) die richtigen Mitarbeiter zu bekommen,
b) sie zu integrieren,
c) sie dem Unternehmen zu erhalten.

Alle drei Maßnahmen setzen voraus, daß wir wissen, wie der richtige Mitarbeiter aussieht.

3.2 Wie verhalten sich kooperative Mitarbeiter?

Wir haben aus der Analyse von fünf Beurteilungsbögen deutscher und internationaler Unternehmen die allgemein üblichen Beurteilungskriterien zusammengestellt.

Diese lassen sich – wie auch bei Führungskräften – in mehr zielgerichtete, also mehr lokomotive, und mehr auf die Gruppen bezogene, also mehr kohäsive Kriterien unterteilen.

Typisch lokomotive Beurteilungskriterien für Mitarbeiter sind:

- Mitarbeiter sollen ökonomisch, kostenbewußt und wirtschaftlich denken und handeln.
- Mitarbeiter sollen nach Plan arbeiten, systematisch, folgerichtig, konsequent und nicht ihren Arbeitsablauf dem Zufall überlassen.

- Mitarbeiter sollen mitdenken, konstruktiv kritisch ihren Aufgaben und sich selbst gegenüberstehen;
    - sie sollen einfallsreich, initiativ, aufgeschlossen sein für Neues;
    - sie sollen dagegen nicht statisch sein, festgefahren, überperfektionistisch; nicht von zwanghaftem Ehrgeiz bestimmt;
    - sie sollen nicht mit zeitraubender und ängstlicher Überkorrektheit schematisch Ordnungsprinzipien verfolgen;
    - doch sollten sie ihre Aufgaben genau, sorgfältig und zuverlässig ausführen und nicht oberflächlich, achtlos, flüchtig.
- Mitarbeiter sollen selbständig in ihrem Aufgabenbereich handeln;
    - sie sollen nicht wie Automaten nur gehorchen, aber nie entscheiden;
    - sie sollen also nicht ständig um Entscheidungen bitten, sondern dies nur in Ausnahmefällen tun.
- Mitarbeiter sollen sowohl beharrlich ihre Ziele verfolgen als auch sich flexibel und gewandt in wechselnden Situationen behaupten.
- Mitarbeiter sollen weder sprunghaft noch schwerfällig sein.
- Auch wenn es hart auf hart geht, sollen sie belastbar und ausdauernd sein;
    - sie sollen bei Arbeitsspitzen nicht sofort unsicher werden, nicht schnell in ihrer Leistung abfallen.
- Mitarbeiter sollen termingerecht arbeiten, sie sollen ihre Arbeitszeit ausnützen;
- sie sollen nicht ihre Termine überschreiten und ihre Zeit vertrödeln.

Alle diese Verhaltensweisen nützen wenig, wenn Mitarbeiter nicht die zur Aufgabenbewältigung notwendigen Fachkenntnisse besitzen. Mitarbeiter sind Spezialisten. Ihr Wissen geht in die Tiefe. Dies allerdings birgt auch Gefahren. *Fachwissen allein* kann schaden.

Ein *Beispiel:*

Die Zeitschrift für Versicherungswirtschaft berichtet von einem mittelgroßen Unternehmen, das alle Neueinstellungen nach streng fachlichen Gesichtspunkten prüfte. Trotzdem wies es seit Jahren eine in der Branche überdurchschnittlich hohe Fluktuationsquote auf. Eine Untersuchung ergab, daß insbesondere langjährige Mitarbeiter kündigten, weil sie mit neueingestellten Mitarbeitern nicht zu Rande gekommen waren. Deren Arroganz und Ellbogenmentalität hatten dem Gruppenklima geschadet. Neueinstellungen wurden seitdem nach fachlichen *und* charakterlichen Aspekten vorgenommen. Der Gruppe zuliebe wurde ab und zu auf die bessere Fachkraft verzichtet.

Ergebnis: Die Fluktuation sank in zwei Jahren von durchschnittlich 26% auf 14%, verringerte sich also um 12%. Die Arbeitsleistung stieg um 8%, und die Qualitätsmängel gingen um 20% zurück.

Eine andere Untersuchung über die Entlassungsgründe bei ca. 4000 Angestellten in 76 amerikanischen Unternehmen zeigte als Entlassungsgrund nur zu 10,1 % mangelnde Fachkenntnisse, aber zu 89,9 % mangelnde Zusammenarbeit.

Was also ist außer Lokomotion und fundierten Fachkenntnissen von Mitarbeitern zu fordern?

Auch Mitarbeiter tragen – wie Führungskräfte – zur Kohäsion bei. Sie sind:

>kooperativ, offen, tolerant, einordnungs- und hilfsbereit.

Mitarbeiter sollen sich nicht abkapseln, nicht ständig Reibungen verursachen und nicht Zusammenarbeit mit anderen ablehnen und boykottieren.

Lokomotion und Kohäsion sind also Verhaltensweisen, die auch von Mitarbeitern zu fordern sind. Damit gilt auch für Mitarbeiter die Forderung nach „action flexibility", nach der Fähigkeit, sich auf wechselnde Situationen flexibel einzustellen oder die Situation zu verändern, um seine Ziele zu erreichen. Außerdem gilt die Forderung nach „social sensibility", nach dem Gespür für das Verhalten von Individuen und Gruppen, um gut mit anderen zusammenarbeiten zu können.

Führungskräfte fragen sich daher:

>Sind meine Mitarbeiter lokomotiv und kohäsiv?
>..
>..
>..
>
>Sind meine Mitarbeiter Spezialisten, oder besitzen sie das Zeug zur Führungskraft, zum Universalisten?
>..
>..
>..
>
>Besitzen meine Mitarbeiter „action flexibility" und „social sensibility"?
>..
>..
>..

3.3 Welches sind die wichtigsten Mitarbeiteraufgaben?

Gibt es nun so etwas wie ein Idealbild des kooperativ arbeitenden Mitarbeiters? Es ist der Mitarbeiter, der weitgehend „autonom" die gemeinsamen Ziele anstrebt. Ist ein solcher Mitarbeiter „science fiction"?
Wir meinen, daß der selbständige Mitarbeiter keine Utopie ist.
Welche einzelnen Aufgaben nimmt ein solcher autonomer Mitarbeiter wahr?
Der autonome Mitarbeiter nimmt die folgenden neun Aufgaben wahr:

1. Auseinandersetzen mit Problemen
2. Ziele vereinbaren
3. Planen
4. Entscheiden
5. Die Entscheidung realisieren
6. Die eigene Führungskraft beurteilen (auch wenn dies heute noch nicht Allgemeingut ist)
7. Sich selbst weiterbilden
8. Informieren
9. Kontrollieren

Auch Führungskräfte nehmen diese Aufgaben wahr. Führungskräfte sind schließlich auch Mitarbeiter eines Unternehmens. Der Unterschied zwischen Führungskraft und Mitarbeiter liegt darin, mit welcher Gewichtung und Intensität die einzelnen Aufgaben wahrgenommen werden.

Zusätzlich müssen Führungskräfte
– ihre Mitarbeiter auswählen, beurteilen und fördern,
– delegieren, koordinieren und organisieren und schließlich
– ihre Mitarbeiter motivieren.

Wir skizzieren jetzt kurz die *neun Aufgaben des Mitarbeiters:*

Zu 1: – Auseinandersetzen mit Problemen, d.h.
– Probleme suchen und erkennen
– Probleme definieren
– Probleme analysieren
– Probleme lösen

Ein grundsätzlicher Unterschied dazu, wie sich die Führungskraft mit Problemen auseinandersetzt, besteht nicht.

Zu 2: – Ziele vereinbaren, heißt,
daß der Mitarbeiter seine Ziele zusammen mit der Führungskraft vereinbart. Im Rahmen dieser Ziele nimmt er seine Aufgaben weitgehend selbständig wahr.

Zu 3: − Planen

Der Planungsvorgang umfaßt drei wichtige Schritte:

− Suche nach Wegen zum Ziele hin,
− hierzu Sammeln von Informationen,
− Auswählen und Ablehnen unrealistischer Möglichkeiten.

Erst dann, wenn die Entscheidung für eine der Lösungsmöglichkeiten gefällt ist,

− werden die notwendigen Aktionen grob bestimmt,
− wird der Prozeß im einzelnen geplant und schließlich
− wird festgelegt, wie die Ergebnisse kontrolliert werden.

Zu 4: − Entscheiden

Entscheiden heißt, aus den verschiedenen realistischen Möglichkeiten die beste auszuwählen.

Bei extrem autoritärer Führung ist Entscheiden allein Sache der Führungskraft. Sie entscheidet alles. Bestenfalls bekommt der Mitarbeiter noch die Möglichkeit, mit der Führungskraft die Gründe der Anordnung zu besprechen.

Beim Übergang von autoritärer Führung zur kooperativen jedoch vergrößert sich in zunehmendem Maße der Entscheidungsspielraum des Mitarbeiters. Bei kooperativer Führung trifft im Idealfall die Führungskraft über Ziele und Wege keine Vorentscheidung. Der einzelne Mitarbeiter und die Gruppe sind zur Entscheidung aufgerufen. Ein immer größerer Anteil an Aufgaben wird so an die Mitarbeiter delegiert.

In diesem Fall sprechen wir vom *„autonomen"* Mitarbeiter und von der *„autonomen"* Gruppe. Die (teil-)autonome Gruppe führt sich weitgehend selbst.

Hier fühlen sich beispielsweise in einer Besprechung alle Gruppenmitglieder gleichermaßen verantwortlich für einen richtigen Ablauf, für die Beiträge zum Inhalt und für gute menschliche Beziehungen untereinander.

Das ist keine Theorie mehr, sondern schon betriebliche Wirklichkeit.

Zu 5: − Die Realisation von Entscheidungen

Der Mitarbeiter führt seine Aufgaben so aus, daß er seine Ziele erreicht. Dabei muß er ständig beobachten, ob er von seinem Plan abweicht. Es ist die Aufgabe des Mitarbeiters, Abweichungen so früh zu erkennen, daß er ihnen durch Plan- oder Zielkorrekturen vorbeugen kann.

Zu 6: – Die eigene Führungskraft beurteilen

Bei einer Fortschrittsbesprechung zwischen Führungskraft und Mitarbeiter wird mit Sicherheit auch die Frage des Mitarbeiters auftauchen: „Hat mich die Führungskraft ausreichend unterstützt?"

Die Kritik „von unten" wird bislang in den meisten Unternehmen noch verurteilt. Für die Zukunft aber gilt das „Prinzip der Wechselseitigkeit" der Beurteilung. Durch die „Beurteilung der Beurteiler" wird dem kritischen Selbstbewußtsein der Mitarbeiter Rechnung getragen, und Führungskräfte haben obendrein ein gutes Instrument zur Eigenkontrolle.

Zu 7: – Mitarbeiter bilden sich selbst weiter, trainieren sich also selbst. In diesem Bemühen werden sie durch die Führungskräfte unterstützt.

Zum Training nicht nur der Führungskräfte, sondern auch der Mitarbeiter, zwingen Engpässe auf dem Arbeitsmarkt, Ungleichgewichte in der Altersstruktur der Unternehmen, ständige Veränderungen der Technik und des Marktes, verstärkter Wettbewerb und neue Führungskonzepte.

Doch immer noch tun ca. 50% deutscher Unternehmen kaum etwas für das Training ihrer Mitarbeiter. In der Hochkonjunktur fehlt es ihnen an Zeit und im Abschwung an Geld.

Mangelhaftes Training der Führungskräfte und Mitarbeiter ist in den USA in 9 von 10 Fällen schuld am Zusammenbruch der Unternehmen: „Unwissenheit ist die einzige Sache, die noch mehr kostet als Training."

Aus dieser Einsicht erklärt sich, daß die deutsche Wirtschaft jährlich Milliarden für Training aufwendet, also für Aus-, Fort- und Weiterbildung.

Doch reicht das? Wir glauben nicht. Training muß auf zwei Beinen stehen. Das eine Bein ist das Training durch Führungskräfte und Trainer. Das andere Bein ist die Eigentätigkeit des Mitarbeiters, nicht nur bei seiner Ausbildung, auf der er sich dann ausruht, sondern auch bei seiner eigenen Weiterbildung. Noch zu wenig werden die Mitarbeiter dazu angeregt und angehalten.

In den personalpolitischen Grundsätzen eines der größten internationalen Unternehmen heißt es: „Jeder Mitarbeiter hat das Recht auf Förderung."

Hat der Mitarbeiter nicht auch die Pflicht, sich weiterzubilden? Hat die Führungskraft nicht auch die Pflicht, den Mitarbeiter dabei zu unterstützen?

So kommt es vor, daß der Mitarbeiter unter ständigem Arbeitsdruck nur wenig kontinuierlich an sich arbeiten kann. Das, was er alle Jahre wieder auf Trainingsveranstaltungen erworben hat, kann er kaum in der dazu notwendigen Ruhe für seinen Arbeitsplatz aufarbeiten. Dann gilt: *„Am sichersten vertut man sein Kapital im Spiel, am angenehmsten mit schönen Frauen, am* *schnellsten mit EDV, am sinnlosesten mit ungezielten Trainingsmaßnahmen."*

....

Um kostspieliges Training nach dem „Gießkannenprinzip" und ohne optimalen praktischen Nutzen zu vermeiden, beantwortet die Führungskraft geimeinsam mit dem Mitarbeiter die folgenden 14 Fragen. Wollen Sie dies gleich einmal für einen „schwierigen" Mitarbeiter tun?

1. Auf welchen Gebieten leistet der Mitarbeiter gute Arbeit?
   ....

2. Wieweit sind sein Wissen und seine Verhaltensweisen entwickelt?
   ....

3. Wieweit sollen sein Wissen und seine Verhaltensweisen entwickelt sein, für die derzeitigen oder für die künftigen Aufgaben?
   ....

4. Was ist zu tun, um die Abweichungen zwischen derzeitigem und gefordertem Wissensstand und Verhalten zu beseitigen?
   Müssen wir trainieren? Oder sind technische, organisatorische oder personelle Maßnahmen wirksamer, wie z. B. Versetzung an einen anderen Arbeitsplatz?
   ....

5. Liegt also wirklich ein Trainingsproblem vor? Wenn ja, wie lauten die spezifischen Trainingsbedürfnisse?
   ....

6. Wie lassen sich diese Trainingsbedürfnisse als praktische und kontrollierbare Lernziele formulieren?
   ....

7. Haben wir alle Trainingsbedürfnisse des Mitarbeiters erfaßt?
   ....

8. Bis wann muß der Mitarbeiter seinen Trainingsbedarf abgedeckt haben?
   ....

9. Durch welchen Lernstoff bzw. Trainingsinhalt lassen sich die Lernziele erreichen?
   ....

10. Mit welchen dem Lernstoff am besten entsprechenden Trainingsmethoden lassen sich die Lernziele am ehesten erreichen?
    ....

11. Eignet sich der Mitarbeiter den Lernstoff selbst an, oder soll er durch andere trainiert werden?
    ....
12. Mit welchen Mitteln wird der Lernerfolg kontrolliert?
    ....
13. Ist sichergestellt, daß der Mitarbeiter das Gelernte praktisch anwenden kann?
    Gibt es Widerstände dagegen?
    Wie können diese Widerstände im voraus abgebaut werden?
    ....
14. Welche Maßnahmen folgen nach der Schulung?
    Wird der Mitarbeiter an einem anderen Arbeitsplatz eingesetzt?
    Wird er eine Sonderaufgabe erhalten, bei der er seine neuerworbenen Kenntnisse einsetzen kann?
    ....

Eine Empfehlung:

Fixieren Sie die Antworten auf diese Fragen schriftlich.

Leiten Sie unmittelbar nach dem Gespräch mit dem Mitarbeiter alle Maßnahmen ein, damit er die vereinbarten Entwicklungsziele erreichen kann.

Prüfen Sie sich auch bitte selbst: „Wie bin ich bisher beim Training meiner Mitarbeiter vorgegangen?"

Soviel zur siebenten Mitarbeiter-Aufgabe „sich selbst weiterbilden".

Zu 8: – Informieren

Diese Mitarbeiteraufgabe besagt, daß der Mitarbeiter die Führungskraft und seine Kollegen berät und informiert.

Zu 9: – Kontrollieren

Dies heißt für den Mitarbeiter, sich selbstverantwortlich zu kontrollieren und für die Arbeitsausführung einzustehen.

Wollen Sie einmal selbst alle neun Mitarbeiteraufgaben nennen?

Prüfen Sie dabei bitte, wo die Stärken Ihrer Mitarbeiter liegen. Fragen Sie sich aber auch: „Welche Aufgaben vernachlässigen meine Mitarbeiter, welche Schwächen zeigen sie?"

Hier noch einmal „alle Neune":

1. Auseinandersetzen mit Problemen
2. Ziele vereinbaren
3. Planen

4. Entscheiden
5. Die Entscheidung realisieren
6. Die eigene Führungskraft beurteilen
7. Sich selbst weiterbilden
8. Informieren
9. Kontrollieren

Haben Sie bei diesen neun Aufgaben eines guten Mitarbeiters auch an sich selbst gedacht?

Zeigen Sie – als Mitarbeiter Ihres Chefs –, daß Sie diesen neun Aufgaben beispielhaft gerecht werden?

3.4 Wie analysiere ich Ursachen für abweichendes Mitarbeiterverhalten?

Nehmen wir an, Sie stellen fest:

- daß Ihre Mitarbeiter sich nicht im ausgewogenen Verhältnis von Lokomotion und Kohäsion verhalten,
- daß sie nur unzureichend ihrer Aufgabe als Spezialist gerecht werden,
- daß ihr Situationsgespür nur ungenügend entwickelt ist,
- daß sie nicht ausreichend „action flexibility" und „social flexibility" an den Tag legen,
- daß sie auch nicht die geforderten neun Aufgaben zufriedenstellend wahrnehmen.

Was können Sie dann tun?

Sie finden heraus, was für ein Problem vorliegt. An diese Diagnose schließen Sie eine Therapie an, um das Problem zu beseitigen. Um die Ursachen für abweichendes Mitarbeiterverhalten schnell und sicher zu finden, bedienen Sie sich bitte der folgenden Prüfliste.

Fragen Sie nach der Art des Problems, mit dem Sie es zu tun haben.

Stellen Sie dazu bitte die folgenden Fragen:

1. Liegt ein *Weiß-nicht*-Problem vor?
2. Liegt ein *Kann-nicht*-Problem vor?
3. Liegt ein *Will-nicht*-Problem vor?
4. Liegt ein *Darf-nicht*-Problem vor?
5. Liegt ein *kombiniertes* Problem vor?

Machen wir uns diese Prüfliste an einem Beispiel klar:

Der Leiter des Rechnungswesens scheidet in zwei Jahren aus gesundheitlichen Gründen aus dem Betrieb aus. Sie brauchen einen Nachfolger.

Der eigentliche Anwärter hat eine hohe Erbschaft gemacht und Knall und Fall Ihr Unternehmen verlassen. Sie haben daher einen bewährten Mitarbeiter ins Auge gefaßt und mit ihm gesprochen. Aber zu Ihrem Erstaunen ist dieser über das Angebot nicht begeistert.

Was für eine Problemart liegt vor? Nehmen Sie Ihre Prüfliste zur Hand und fragen Sie sich bitte:

1. Liegt ein *Weiß-nicht*-Problem vor?
   Sie stellen fest, daß Sie es mit einem außerordentlich bewährten Spezialisten zu tun haben. Es fehlt ihm aber an umfassendem Führungswissen.
2. Liegt ein *Kann-Nicht*-Problem vor?
   Sie erfahren, daß der Mitarbeiter sich als Projektleiter – also in einer Führungssituation – ziemlich unsicher verhalten hat. Er kann sich noch nicht völlig richtig verhalten, da es ihm offensichtlich an Erfahrung und Übung mangelt.
3. Liegt ein *Will-nicht*-Problem vor?
   Der Personalleiter, mit dem Sie Ihr Problem durchgehen, berichtet Ihnen, daß Ihr Favorit sich über die angebotene Position mit den Worten geäußert habe: „Ich mache lieber meinen alten Job, da kenne ich alle Tricks wie meine eigene Westentasche, da bin ich König." Der Mitarbeiter will also nicht unbedingt, ist also (noch) nicht motiviert.
4. Liegt ein *Darf-nicht*-Problem vor?
   Der Mitarbeiter erzählt Ihnen: „Selbst wenn ich wollte, ich darf meinen alten Job jetzt nicht verlassen. Da bricht ja sonst alles zusammen. Die ganze Organisation müßte umgebaut werden." Der Mitarbeiter sieht also ein Darf-nicht-Problem, das durch die Organisationsform bedingt ist.
5. Liegt ein *kombiniertes* Problem vor?
   Wie unser Beispiel zeigt, fehlt es Ihrem Mitarbeiter an Führungswissen und -können. Obendrein ist er nicht motiviert. Schließlich sieht er noch Probleme, die durch die jetzige Organisation bedingt sind. Sie haben es also mit einem kombinierten Problem zu tun.

Was können Sie nun nach dieser Analyse unternehmen?

Wenn Sie keine andere Alternative für die Stellenbesetzung haben, können Sie beispielsweise folgende Maßnahmen ergreifen:

– Als Maßnahme gegen das „*Darf-nicht*-Problem" klären Sie mit Hilfe des Mitarbeiters, wie die neue Organisationsstruktur am bisherigen Arbeitsplatz auszusehen hat.
– Als Maßnahme gegen das „*Will-nicht*-Problem" motivieren Sie Ihren Mitarbeiter. Sie verdeutlichen ihm, welche Vorteile für ihn bei der angebotenen Position herausspringen und welche verantwortungsvolle Aufgabe

er für das Unternehmen zu erfüllen hat. Sie gewinnen das freiwillige Engagement des Mitarbeiters für dieses Ziel.
- Diese beiden Maßnahmen − Reorganisation und Motivation − sind Voraussetzung dafür, daß die weiteren Maßnahmen überhaupt einen Sinn haben.
- Als Maßnahme gegen das *„Weiß-nicht*-Problem" und das *„Kann-nicht*-Problem" wählen Sie gemeinsam mit Ihrem Mitarbeiter Trainingsseminare aus. Ziel dieses Trainings soll sein, daß der Mitarbeiter über Führungsfragen ausführlich informiert und außerdem in zahlreichen Übungen trainiert wird. Unterstützen Sie den Mitarbeiter bei seinen Fortbildungsbemühungen.

Nun ist im allgemeinen in den ersten 18 Monaten am neuen Arbeitsplatz die Fluktuation besonders hoch. Der Mitarbeiter braucht daher laufende *Integrationshilfen.*

Beispielsweise gilt es, in regelmäßigen Fortschrittsbesprechungen seine Leistungen anzuerkennen, ihn durch Fragen auf Lösungen hinzuführen, die er bei schwierigen Problemen noch nicht gesehen hat. Motto dabei ist: Das Ergebnis des Mitarbeiters ist so gut, wie die Güte seiner Entscheidung mal seiner Motivation, diese Entscheidung auch durchzusetzen.

Mit diesen Maßnahmen haben Sie sehr wahrscheinlich einen guten Mitarbeiter gewonnen. Ein solches Vorgehen ist letztlich nicht teurer, als wenn Sie sich von außerhalb des Unternehmens einen Mitarbeiter beschafft hätten.

- *Will-nicht* bzw. *Weiß-nicht* und *Kann-nicht*-Probleme sind letztlich Probleme, die die Persönlichkeit des Mitarbeiters berühren. Sie ergeben sich aus seiner Bedürfnisstruktur, seinen Einstellungen und Erwartungen, seinen Erfahrungen, aus seinen Fähigkeiten und Fertigkeiten und nicht zuletzt seinen Wertvorstellungen.

- *Darf-nicht*-Probleme resultieren aus der Umwelt des Mitarbeiters. Hierzu gehören das Unternehmen, in dem er arbeitet; die Aufgaben, die er wahrnimmt; die Arbeitsgruppe, mit der er zusammenarbeitet, das Verhalten der Führungskraft; die Beziehung zur Familie und schließlich alle Einflüsse, die der Staat, die Kirche, die Wirtschaft und die Wissenschaft auf ihn ausüben.

- *Kombinierte Probleme* ergeben sich sowohl aus der Persönlichkeit des Mitarbeiters als auch aus seiner Umwelt. Beide stehen in enger Wechselbeziehung.

Bevor wir nun unsere Ausführungen zum „Mitarbeiter" zusammenfassen, schlagen wir Ihnen vor, sich die bisherigen Informationen nochmals zu vergegenwärtigen:

Fragen Sie sich bitte:

- Verhalten sich meine Mitarbeiter in einem ausgewogenen Verhältnis von Lokomotion und Kohäsion?
- Werden meine Mitarbeiter ihren Aufgaben als Spezialisten gerecht?
- Besitzen meine Mitarbeiter genügend „action flexibility" und „social sensibility"?
- Nehmen meine Mitarbeiter die geforderten neun Aufgaben zufriedenstellend wahr?

Wenn Sie Abweichungen feststellen, dann analysieren Sie mit Hilfe der fünf Prüffragen die Ursachen:

1. Liegt ein *Weiß-nicht*-Problem vor?
2. Liegt ein *Kann-nicht*-Problem vor?
3. Liegt ein *Will-nicht*-Problem vor?
4. Liegt ein *Darf-nicht*-Problem vor?
5. Liegt ein *kombiniertes* Problem vor?

Leitfragen zum Analysieren und Lösen von Führungsproblemen

weiß und kann er?

1. Wer ist der Mitarbeiter, mit dem ich die größten Probleme habe?
2. Zwei Dinge, die in dieser Beziehung immer wieder auftreten...
3. Was erwarte ich ganz genau von diesem Mitarbeiter?
   Was soll er erreichen?
   Ziele: Standard-, Innovations-, persönliche Entwicklungsziele
   Leistungsstandards: Qualität, Quantität, Kosten, Termine, Zusammenarbeit
4. Weiß der Mitarbeiter wirklich ganz sicher, was ich von ihm erwarte?
5. Hat er das erforderliche Wissen und Können, um die vereinbarten Ziele zu erreichen?
   Sind ihm diese Ziele wirklich angemessen?
   Wo hat er Lücken? Was wird veranlaßt, damit er sie schließt? (von ihm veranlaßt, von mir?)
   Wo ist seine größte Stärke? Wie kann ich helfen, sie für unsere Arbeit zu nutzen?

darf er?

6. Hat der Mitarbeiter die Kompetenzen und die Verantwortung, die er benötigt, um die Ziele zu erreichen? Ist er durch seine Kompetenzen und seine Verantwortung überfordert? Nimmt der Mitarbeiter sich Kompetenzen, die ihm nicht zustehen?

will er?

7. Ist die Aufgabe motivierend für ihn?
   Erfüllt seine Aufgabe die „Anforderungen an eine motivierende Arbeit"?
   (1) Identifizierbarkeit
   (2) Handlungsspielraum („Freiheit in der Arbeit")
   (3) persönliche Verantwortung für
      – Kosten
      – Qualität
      – Quantität
      – Zeit
   (4) unmittelbare Kommunikation mit den
      – Beteiligten
      – Kunden
   (5) unmittelbares Feedback
   (6) Lernpotential
8. Wann habe ich das letzte Mal mit diesem Mitarbeiter kommuniziert, um recht zu behalten?

will er?

9. Wann habe ich ihn das letzte Mal kritisiert? (wie intensiv?)
   Wann habe ich ihn das letzte Mal anerkannt? (wie intensiv?)
   Wie ist die Relation zwischen Kritik und Anerkennung?
   Wie verhält er sich mir gegenüber?
   Besteht ein Zusammenhang zwischen den beiden letzten Fragen? Welcher?
   Was folgt daraus für mein Verhalten diesem Mitarbeiter gegenüber?
10. Dinge, die ich in der Beziehung zu diesem Mitarbeiter sagen möchte – aber nicht sage... (Rückhalte)
11. Wieviel Zeit habe ich jede Woche für ihn? Ist mein Zeitaufwand seinem Reifegrad angemessen?
12. Wann habe ich das letzte Mal zu diesem Mitarbeiter gesagt: „Ich habe keine Zeit", obwohl ich eigentlich nicht wollte?
13. Auf welcher Ebene habe ich mit diesem Mitarbeiter Konflikte? (Wert-, Gefühls-, Sach-Ebene) Wie lautet seine/meine Konflikt-These?
14. Will ich die Beziehung zu diesem Mitarbeiter wirklich gestalten?
    Will ich wirklich 100%ig kommunizieren?
15. Was will ich jetzt auf jeden Fall in bezug auf diesen Mitarbeiter unternehmen?

Fassen wir zusammen:

- Laufende Personalkostensteigerungen und Veränderungen auf dem Arbeitsmarkt verlangen, daß wir unsere Mitarbeiter stärker als bisher auf die gemeinsamen Ziele hin beeinflussen;
- dies setzt voraus, daß wir wirklich gemeinsame Ziele haben und
- daß wir wissen, was die Mitarbeiter zu den gemeinsamen Zielen beitragen können, beitragen wollen und beitragen sollen;
- ein Beitrag der Mitarbeiter besteht darin, daß sie Spezialistenaufgaben wahrnehmen;
- Mitarbeiter sind Spezialisten, nicht – wie Führungskräfte – Universalisten;
- ein weiterer Beitrag der Mitarbeiter besteht darin, daß sie sich sowohl lokomotiv als auch kohäsiv gegenüber ihren Führungskräften und Kollegen in der eigenen und den anderen Abteilungen verhalten;
- Mitarbeiter sollten sich ebenso wie Führungskräfte auszeichnen durch Situationsgespür und darauf aufbauend durch „action flexibility" und „social sensibility";
- Mitarbeiter sollen neun Aufgaben wahrnehmen:
  1. Auseinandersetzen mit Problemen
  2. Ziele vereinbaren
  3. Planen
  4. Entscheiden
  5. Die Entscheidung realisieren
  6. Die eigene Führungskraft beurteilen
  7. Sich selbst weiterbilden
  8. Informieren
  9. Kontrollieren
- Der „ideale" Mitarbeiter bzw. die „ideale" Gruppe ist weitgehend „autonom", d. h. fähig, sich selbstverantwortlich im Rahmen der vereinbarten Ziele zu steuern;
- weichen Mitarbeiter- oder auch Gruppenverhalten von diesem Ideal ab, so sind die Ursachen dafür zu analysieren;
- die folgenden fünf Fragen erleichtern als Prüfliste die Ursachenanalyse:
  1. Liegt ein *Weiß-nicht*-Problem vor?
  2. Liegt ein *Kann-Nicht*-Problem vor?
  3. Liegt ein *Will-nicht*-Problem vor?
  4. Liegt ein *Darf-nicht*-Problem vor?
  5. Liegt ein *kombiniertes* Problem vor?
- Auf diese Diagnose folgt die Therapie, um dem erwarteten Mitarbeiterverhalten näherzukommen.

Soviel zum „Mitarbeiter".

4. Die Gruppe

4.1 Wann Einzelarbeit? Wann Gruppenarbeit?

Um der Forderung nach optimaler Leistung gerecht zu werden, stehen Führungskräfte täglich vor der Frage: „Wann Einzelarbeit? Wann Gruppenarbeit?"

Einzelarbeit ist der Gruppenarbeit immer dann vorzuziehen, wenn ein Mitarbeiter eine Aufgabe rationeller ausführen kann als mehrere zusammen. Wann ist dagegen Gruppenarbeit der Einzelarbeit vorzuziehen?

Sie ist immer dann vorzuziehen, wenn die Gesamtleistung, die durch mehrere Experten und Spezialisten gemeinsam erbracht wird, mehr sein soll als nur die Addition der Einzelleistungen der Mitarbeiter. Gruppenleistung ist also dann sinnvoller, wenn feststeht, daß „viele Köche eben nicht den Brei verderben, sondern ihn schmackhafter machen".

Die Gruppenleistung wird aber nur dann größer als die Leistung eines einzelnen sein, wenn es gelingt, leistungsfähige Gruppen zusammenzustellen.

4.2 Was ist Gruppendruck? Wie äußert er sich? Welche Gefahren bringt er mit sich?

Bevor wir Maßstäbe für leistungsfähige Gruppen nennen, zeigen wir an einigen konkreten Beispielen, unter welchen Bedingungen die Leistungsfähigkeit von Gruppen eingeschränkt ist.

Um dies zu demonstrieren, greifen wir die Erscheinung des „Gruppendrucks" exemplarisch aus zahlreichen, im Forschungsgebiet der „Gruppendynamik" untersuchten Phänomenen heraus. „Gruppendynamik" beschäftigt sich mit den Fragen, wie Gruppen entstehen, wie sie funktionieren und sich verändern, wie ihre Mitglieder untereinander in Beziehung stehen, wie Gruppen sich anderen Gruppen und größeren sozialen Einheiten gegenüber verhalten. Die Erscheinung des Gruppendrucks ist für die Praxis einer Führungskraft besonders bedeutsam. Wir wollen mit unserer Schilderung Ihre Beobachtungsfähigkeit schärfen, Ihre Fähigkeit, fehlerhaftes Gruppenverhalten zu diagnostizieren, so daß Sie eine gezielte Therapie einleiten können, um Gruppenverhalten zu verbessern.

Was ist eigentlich *„Gruppendruck"*?

> *„Gruppendruck"* liegt dann vor, wenn die Mitglieder von Gruppen eine Meinung fassen, die, sei sie auch noch so falsch und unrealistisch,

auch unter einer starken Gegenargumentation beibehalten, ja meist sogar gefestigt wird.

Ursache dafür ist, daß der einzelne sich anders verhält, sobald er nicht mehr allein ist, sondern soziale Beziehungen aufnimmt. Die Urteilsbildung wird durch soziale Einflüsse verändert.

Verdeutlichen wir uns diese Tatsache an einem von amerikanischen Psychologen durchgeführten originellen Experiment:

In einer schalldichten Kabine sitzt eine Person, die über Kopfhörer einige Witze hört. Zu jedem Witz hört sie die Reaktionen vier anderer Personen. Wie sie glaubt, sitzen diese in den Nachbarkabinen. In Wirklichkeit jedoch spielt man ein Tonband ab. Die Reaktionen der vier anderen sind in vier Stufen unterteilt, von eisigem Schweigen bis zu brüllendem Gelächter. Die Reaktion der Person wird auf Band aufgenommen. Anschließend muß sie eine schriftliche Beurteilung des jeweiligen Witzes abgeben. Ihr liegen dazu vier Beurteilungsmöglichkeiten vor von „überhaupt nicht lustig" bis „äußerst lustig".

Was war das *Ergebnis?*

Es zeigte sich, daß zwei von drei Personen die Witze schriftlich anders beurteilten, als ihre unmittelbare Reaktion in der Kabine hätte vermuten lassen. Schriftlich beurteilten sie beispielsweise einen Witz als „überhaupt nicht lustig", auch wenn sie entsprechend der Reaktion der vermeintlichen anderen vier Personen ganz fürchterlich mitgelacht hatten. Zwei von drei Personen hatten also die Stärke ihres Gelächters dem der vermeintlichen vier Gruppenmitglieder angepaßt.

Dieses wahrhaft „witzige" Experiment zeigt, daß ein Mensch, der alleine ist, Meinungen vertritt, die er im Beisein anderer nicht oder anders geäußert hätte.

Die Urteilsbildung wird durch soziale Einflüsse verändert.

Durch Gruppendruck ist Teamwork nicht diskriminiert. Denn es behält seinen Wert, wenn es gelingt, die verschiedenen Formen des „Gruppendrucks" zu erkennen und ihnen wirksam zu begegnen.

Um Ihnen die Diagnose von „Gruppendruck" zu erleichtern, hier nun sieben Erscheinungsweisen:

1. Die Gruppe fühlt sich unverwundbar
2. Illusion der Einmütigkeit
3. Eine Ansicht wird überbetont
4. Es existieren unterschwellige Konflikte
5. „Meinungswächter" haben einen starken Einfluß

6. Moralischer Druck gegen die Minorität: Auf Andersdenkende wird Druck ausgeübt
7. Minoritäten zensieren sich selbst

Dazu nun einige Beispiele, wie sie in Unternehmen und sonstigen Organisationen täglich beobachtet werden können:

Zu 1: – Die Gruppe fühlt sich unverwundbar: Unterbewertung der anderen Seite

Sie überschätzt ihre eigene Stärke: „Uns kann doch keiner, bei der Marktstellung." Gleichzeitig wird der Gegner unterbewertet: „Die Konkurrenz kann uns mit ihren Produkten doch nicht am Zeug flicken, wie sollte sie auch?" Die Gruppe neigt bei solchen Grundeinstellungen dazu, riskantere Entscheidungen zu fällen als ein einzelner.

Vorsicht also, wenn Ihre Gruppe sich unverwundbar fühlt.

Zu 2: – Illusion der Einmütigkeit

„Schweigen bedeutet Zustimmung." Statt daß auf eine Übereinstimmung aller hingearbeitet wird, wird einfach die Mehrheit abgezählt. Mehrheitsbeschlüsse werden selbst bei extrem großen Minderheiten noch geduldet.

Vorsicht also, wenn sich in Ihrer Gruppe die Mitglieder bei Entscheidungen allzu rasch einmütig zeigen.

Zu 3: – Eine Ansicht wird überbetont. Unterbewertung der anderen Seite.

Argumente werden hochgespielt: „Vergessen Sie bitte nicht, die Statistik hat uns noch immer recht gegeben." Ernstzunehmende Warnungen werden heruntergespielt mit den Worten: „Daß Sie auch immer unken müssen". Der einseitige Glaube an die eigene Sache dominiert: „Was soll denn an einem bißchen Blei in der Luft so schlimm sein?"

Vorsicht also, wenn in Ihrer Gruppe eine Ansicht überbetont wird.

Zu 4: – Es existieren unterschwellige Konflikte

Man spielt sich gegenseitig aus: „Wenn Sie diese Aufgabe nicht übernehmen, macht es eben Ihr Kollege."

Vorsicht also bei unterschwelligen Konflikten in Ihrer Gruppe.

Zu 5: – „Meinungswächter" haben einen starken Einfluß

„Wir haben doch unseren Entschluß entsprechend den Richtlinien gefaßt. Jetzt kommen Sie schon wieder. Sollen wir denn nochmal von vorne anfangen? Schluß, jetzt wird gehandelt."

Vorsicht also beim starken Einfluß von Meinungswächtern in Ihrer Gruppe.

Zu 6: – Moralischer Druck gegen die Minorität: Auf Andersdenkende wird Druck ausgeübt

Es besteht ein klar erkennbarer Zwang zur Konformität. Eine unabhängige Meinungsbildung kann nicht zustande kommen. Fundierte Kritik Andersdenkender wird im Ansatz unterdrückt. Wer eine neue Idee hat, wird attackiert und zum Narren abgestempelt: „Sie glauben doch wohl nicht im Ernst, daß wir den Gewinn steigern können, indem wir unsere Produktpalette zusammenstreichen?"

Vorsicht also, wenn in Ihrer Gruppe auf Andersdenkende Druck ausgeübt wird.

Zu 7: – Minoritäten zensieren sich selbst

Sie spielen ihre eigenen Zweifel herunter: „Vielleicht ist es wirklich übertrieben, daß wir wegen des Verpackungsfehlers das neue Produkt madig machen." Oder man bemerkt, wenn man feststellt, daß man mit den eigenen Argumenten bei der Majorität nicht durchkommt: „Der Klügere gibt nach." Wenn gar nichts hilft, isoliert sich die Minorität, sie flieht: „Macht Euren Kram alleine."

Vorsicht also, wenn sich in Ihrer Gruppe Minoritäten selbst zensieren.

Das waren sieben Beispiele für Gruppendruck.

Prüfen Sie sich einmal selbst:

– Wann sind Sie das letzte Mal dem „Gruppendruck" erlegen?
– Wann haben Sie das letzte Mal „Gruppendruck" ausgeübt?

Die oben genannten sieben Gruppenerscheinungen gefährden Zusammenarbeit und Leistung.

Wir nennen fünf Gefahren des Gruppendrucks:

1. Nicht alle Lösungsmöglichkeiten werden diskutiert.
2. Nur Informationen, die eine Meinung bestätigen, werden in die Entscheidung einbezogen.
3. Experteninformationen werden nicht zusätzlich zu den eigenen Informationen eingeholt. Betriebsblindheit wird dadurch gefördert.
4. Ein einmal eingeschlagener Kurs gilt als unabänderlich und wird nicht laufend überprüft.
5. Notmaßnahmen werden nicht entwickelt.

Es lohnt sich also, diesen fünf Gefahren vorzubeugen. Hier einige Maßnahmen, wie sie ursprünglich für politische Entscheidungen des Weißen Hauses entwickelt wurden:

Sieben Maßnahmen gegen Gruppendruck

1. a) ein Mitglied zum „advocatus diaboli" ernennen
   b) jedes Mitglied ist Kritiker
   Ziel: Artikulieren von Zweifeln
2. als Führungskraft persönliche Meinung zunächst nicht äußern
   Ziel: Erweitern des Spielraums
3. externe Experten auf das gleiche Problem ansetzen
   Ziel: dominierende Ansichten anzweifeln
4. vor der Entscheidung Diskussion eines jeden Mitgliedes mit einem (fachlichen) Partner → Bericht an die Gruppe
5. Diskussion in Untergruppen
6. Warnsignale beachten, verwerten
7. nach Vorentscheidung die „2. Wahl" diskutieren

4.3 Wodurch zeichnet sich eine leistungsfähige Gruppe aus?

An welchen Maßstäben sollen sich Gruppen nun orientieren, um Erscheinungen wie „Gruppendruck" zu vermeiden und ihnen wirksam zu begegnen?

Welche Maßstäbe kennzeichnen leistungsfähige Gruppen?

Wir unterscheiden im folgenden:

- Maßstäbe leistungsfähiger Gruppen, die überwiegend der Forderung nach Lokomotion gerecht werden;
- Maßstäbe leistungsfähiger Gruppen, die überwiegend der Forderung nach Kohäsion gerecht werden; und
- Maßstäbe leistungsfähiger Gruppen, die sowohl der Forderung nach Lokomotion als auch Kohäsion gerecht werden.

Zuerst zu den insgesamt sechs Maßstäben leistungsfähiger Gruppen, die überwiegend der Forderung nach Lokomotion gerecht werden:

1. Alle Mitglieder einer leistungsfähigen Gruppe sind auf das Thema vorbereitet und haben sich hierzu schon Gedanken notiert. Jeder kann und will etwas zur Fragestellung beitragen.
   Kann und will in Ihrer Gruppe jeder etwas beitragen?
   Eine leistungsfähige Gruppe zeichnet sich dadurch aus, daß entsprechend der individuellen Befähigung der einzelnen Mitglieder die Rollen klar und zielgerichtet verteilt sind. Soll beispielsweise eine Werkhalle geplant werden, dann ist der Architekt zuständig für die konstruktiven Fragen, der

Leiter der Produktion und der Leiter der Arbeitsvorbereitung kümmern sich um die fertigungstechnischen Aspekte und der Sicherheitsingenieur um die Probleme der Arbeitssicherheit. Jedes Gruppenmitglied ist Träger einer zielgerichteten Aktivität.

Ebenso wie Führungskräfte und Mitarbeiter nimmt die Gruppe neun Aufgaben wahr:

(1) Auseinandersetzen mit Problemen
(2) Ziele vereinbaren
(3) Planen
(4) Entscheiden
(5) Die Entscheidung realisieren
(6) Die eigene Arbeitsweise beurteilen
(7) Sich weiterbilden
(8) Informieren
(9) Kontrollieren

Die Gruppe ist also erstens auf ein funktionales Zusammenwirken hin organisiert. Sie kommt nicht ziellos zusammen. Alle Mitglieder verfolgen ein gemeinsames Ziel. Sie wissen, wozu sie arbeiten. Alle ziehen an einem Strang. Gemeinsame Normen sichern eine reibungslose Zusammenarbeit. Beispielsweise ist man sich einig, daß die Halle in spätestens drei Monaten baureif geplant sein soll und daß sie bestimmten Qualitätsstandards genügen soll.

Beantworten Sie die folgenden Informationsfragen:

   1. Sind in Ihrer Gruppe die Rollen klar und zielgerichtet verteilt?
   ....
   2. Nimmt Ihre Gruppe die neun Aufgaben wahr?
   ....
   3. Welche gemeinsamen Normen existieren in Ihrer Gruppe?
   ....

2. Ist man sich darüber einig, daß man miteinander kooperieren und nicht in der Gruppe konkurrieren will?

3. Wurden in Ihrer Gruppe dominierende Ansichten angezweifelt? Wird ausdrücklich einzelnen Gruppenmitgliedern im Wechsel die Rolle des unbequemen Kritikers, des *„advocatus diaboli"*, zugewiesen? Der jeweilige Kritiker muß einseitig vorherrschende Meinungen anfechten. Ein multinationaler Konzern beispielsweise fordert seine Mitarbeiter bewußt auf, auch Ansichten zu äußern, die von den offiziellen Richtlinien abweichen.

Werden in Ihrer Gruppe dominierende Ansichten angezweifelt?
....

4. In einer leistungsfähigen Gruppe herrscht kein Bürokratismus. Niemand klammert sich perfektionistisch ans Detail. Entscheidungen werden weder verzögert noch verschleppt. Nicht nur vom einzelnen, sondern auch von der Gruppe werden eindeutige und – wenn die Sache es erfordert – auch rasche Entscheidungen gefällt.

Wird in Ihrer Gruppe unbürokratisch entschieden?
....

5. In einer leistungsfähigen Gruppe werden vor endgültigen Entschlüssen die bisherigen Ergebnisse, insbesondere die zweitbeste Alternative, noch einmal überprüft. Zweifel müssen spätestens jetzt offen geäußert werden. Um die Entscheidung abzusichern, werden Kollegen und von Betriebsblindheit freie Experten hinzugezogen und ihre Reaktion ausgewertet. Vorübergehend sollte die Gruppe auch in Untergruppen tagen. Gegensätzliche Meinungen können so unbeeinflußter abgewogen werden.

Werden in Ihrer Gruppe Entschlüsse noch einmal überprüft?
....

6. Schließlich wird die Entscheidung klar und verständlich formuliert.

Wird in Ihrer Gruppe jede Entscheidung präzis formuliert?
....

Nun zu den insgesamt fünf Maßstäben leistungsfähiger Gruppen, die überwiegend der Forderung nach Kohäsion gerecht werden.

1. In einer leistungsfähigen Gruppe wird niemand zur Mitarbeit gezwungen.

Nehmen in Ihrer Gruppe alle Mitglieder freiwillig teil?
....

2. In einer leistungsfähigen Gruppe ist niemand aus persönlichen Interessen und Ressortegoismus auf Einzelleistung fixiert. Gruppenarbeit wird nicht als Popularitätswettbewerb verstanden. Alle Mitglieder verstehen die Gruppe als Einheit und erkennen ihre Mitglieder als gleichberechtigte Partner an. Dies äußert sich in einem solidarischen „Wir"-Gefühl: „Einer für alle, alle für einen, alle für das gemeinsame Ziel."
Das Verständnis für die unterschiedlichen Charaktere und Auffassungen der Mitglieder läßt sich mit den Worten des Vorsitzenden einer großen deutschen Organisation wiedergeben: *„Toleranz besteht darin, daß man sich freut, daß andere anderer Meinung sind."* Die Einstellung zueinander ist nicht X-, sondern Y-theoretisch.

Explosive Spannungen und Konkurrenzkampf können nicht entstehen. Daher fühlt sich der einzelne in der Gruppe auch sicher. (Bei Bomberbesatzungen konnte man beispielsweise in Krisensituationen zunehmende Kohäsion und reduzierte Angst des einzelnen Mitgliedes feststellen).

Handelt Ihre Gruppe als Einheit, und sind in Ihrer Gruppe die Mitglieder Y-theoretisch eingestellt?
....

3. In einer leistungsfähigen Gruppe beteiligen sich alle Mitglieder voll. Sie diskutieren ohne Umschweife. Keiner monologisiert. Niemand wird isoliert. Nur selten wird jemand beim Reden durch störende Zwischenrufe und heimliches Flüstern unterbrochen. Es wird aufmerksam zugehört. Das Motto lautet: „Reden ist Silber, Zuhören ist Gold."

Sind in Ihrer Gruppe alle Mitglieder voll beteiligt?
....

4. In einer leistungsfähigen Gruppe kennen sich die Mitglieder gegenseitig, sozusagen von Angesicht zu Angesicht. Die Kommunikationsbeziehungen zwischen ihnen, das ständige zwischenmenschliche Hin und Her, der ständige Wechsel zwischen Aktion und Reaktion, wird als Interaktion bezeichnet.

Wie beeinflussen sich in Ihrer Gruppe die Mitglieder wechselseitig?
....

5. Eine leistungsfähige Gruppe hält engen Kontakt zu anderen Organisationseinheiten. Während und nach der Entscheidung beobachtet sie die Reaktionen betroffener Gruppen. Sie kalkuliert Warnsignale in Form von Alternativplänen in ihre Entscheidung ein.

Hält Ihre Gruppe engen Kontakt zu anderen Organisationseinheiten?
....

Wir kommen jetzt zu den neun Maßstäben für leistungsfähige Gruppen, die gleichzeitig sowohl der Forderung nach Kohäsion als auch der Forderung nach Lokomotion gerecht werden:

1. sind alle Mitglieder in Gruppenarbeit geübt. Fehlen umfangreiche Erfahrungen, so sind die Mitglieder zumindest trainiert.

Sind in Ihrer Gruppe alle Mitglieder zur Gruppenarbeit befähigt?
....

2. In einer leistungsfähigen Gruppe ist Moderator und Führer der Gruppe derjenige, der am fähigsten ist, die Gruppe gleichsam als Neutraler in einem ausgewogenen Verhältnis von Lokomotion und Kohäsion zu führen.

Führer ist der, der die Beiträge der Gruppenmitglieder so auf das gemeinsame Ziel hin koordiniert, daß dieses auch erreicht wird und der Zusammenhalt der Gruppe gewahrt bleibt.

> Führt in Ihrer Gruppe der Moderator in einem ausgewogenen Verhältnis von Lokomotion und Kohäsion?
> ....

3. Eine leistungsfähige Gruppe setzt sich nur aus solchen Mitgliedern zusammen, deren Motivation es ist, die Entscheidung in gemeinsamer Verantwortung zu fällen und durchzusetzen. Diese dritte Bedingung ist auch in unserer Faustformel enthalten: „Jedes Ergebnis ist so gut, wie die Güte der Entscheidung mal der Motivation, diese Entscheidung auch durchzusetzen."
Es ist sicher nicht auszuschließen, daß einer allein eine hervorragende Entscheidung fällen kann.
Wie aber werden sich die anderen dafür einsetzen, wenn sie diese Entscheidung ohne ihr Zutun „vor die Nase gesetzt" bekommen? Mit steigendem Anteil an der Entscheidung werden die Mitarbeiter jedoch zufriedener und die Aufgaben für sie attraktiver. Daher soll Gruppenarbeit auch die noch bestehende Trennung in Entscheidungsvorbereitung, zum Beispiel durch Stäbe, und die eigentliche Entscheidung durch die Linie überwinden helfen.

> Sind in Ihrer Gruppe wirklich nur die beteiligt, deren Motivation für das zu lösende Problem stark ist?
> ....
> Sind aber auch alle stark Motivierten beteiligt?
> ....

4. Eine leistungsfähige Gruppe zeichnet sich aus durch eine optimale Gruppengröße, also eine optimale Mitgliederzahl:

   – Für alle Gruppen mit gerader Mitgliederzahl gilt grundsätzlich, daß sich leicht ein Patt ergibt, sich also keine Mehrheit finden läßt. Von keiner der beiden Parteien wird eine solche Situation als befriedigend empfunden. Insbesondere dann, wenn nur zwei Personen eine Gruppe bilden, neigen diese daher dazu, die anfallenden Probleme zu behutsam anzufassen und meist unter einem hohen Maß an Spannung zu arbeiten.

   – In einer Dreiergruppe verbinden sich häufig zwei gegen einen. Das vereinzelte isolierte Gruppenmitglied wird unsicher. Daher neigt es zur Anpassung und hält berängstlich ungewöhnliche Ansichten und provozierende Fakten zurück.

- Zu große Gruppen mit über 15 Mitgliedern neigen zur Cliquenbildung. Das Verantwortungsbewußtsein des einzelnen Mitgliedes ist nicht mehr sehr stark ausgeprägt.
- Gruppen mit mehr als 30 Mitgliedern zeigen klar erkennbare qualitative Veränderungen. Sie verlieren ihren eigentlichen Gruppencharakter. Beispielsweise sind die Rollen nicht mehr klar verteilt. Die Gruppe ist nicht mehr überschaubar. Die Mitglieder bilden keine dynamische Einheit mehr.

Mit wachsender Mitgliederzahl steigt die Leistung zunächst stark an. Gruppen mit fünf bis maximal neun Mitgliedern erweisen sich dabei als optimal. Wächst die Mitgliederzahl weiter an, wird der Leistungsanstieg immer geringer.

> Fragen Sie sich kritisch:
> Wie groß sind eigentlich die Projektgruppen in meinem Unternehmen?
> Wieviel Personen sind üblicherweise an Besprechungen beteiligt?
> ....

Nehmen Sie die Größe solcher Gruppen kritisch unter die Lupe. Es zahlt sich aus, hier einzuhaken.

5. Damit eine Gruppe leistungsfähig ist, muß auch genügend Zeit vorhanden sein. Unter Zeitdruck leiden sowohl Lokomotion als auch Kohäsion. Aus Zeitgründen ist manchmal ein weniger ausgewogenes Ergebnis eines einzelnen in Kauf zu nehmen. Dieses Risiko sollte jedoch bewußt kalkuliert werden. Es sollte nicht eingegangen werden, weil die Vorteile der Gruppenarbeit unbekannt sind.

> Verfügt Ihre Gruppe über genügend Zeit?
> ....

6. Damit Gruppenarbeit mehr bringt als Einzelarbeit, müssen ihre Mitglieder gemeinsam mehr Informationen zu einer Aufgabe beitragen können als ein einzelner. Keiner kann heute noch wie *Leibniz* von sich sagen: „Ich beherrsche das Wissen meiner Zeit."
Insbesondere bei komplexen Problemen kann eine Gruppe
   - das Problem eher von verschiedenen Seiten beleuchten,
   - die angestrebten Ziele besser definieren,
   - die möglichen Ursachen des Problems exakter analysieren;
   - eine Gruppe kann außerdem mehr Lösungsmöglichkeiten und die zur Verfügung stehenden Mittel aufzeigen,
   - mehr Folgeprobleme sehen, die sich aus einer Lösungsmöglichkeit ergeben können, und schließlich
   - mehr Kontrollmöglichkeiten ermitteln.

Hätten nicht im folgenden historischen Fall mehr Experten an der Lösung des Problems beteiligt werden sollen?

Beurteilen Sie bitte selbst:

Im Herbst 1973 wurden zahlreiche Länder von der Ölkrise bedroht. Wie die Zeitschrift „Wirtschaftswoche" im Januar 1974 berichtete, ordnete der britische Premierminister, um Energie zu sparen, im Dezember das Ende aller Fernsehsendungen für 22.30 Uhr an.

In weiten Teilen Londons und in 100 000 Häusern der Midlands brach jedoch kurz nach Sendeschluß die Stromversorgung total zusammen. Man stand vor einem Rätsel. Die Lösung war, daß die frierenden Briten schlagartig ihre Heizdecken eingeschaltet hatten. Wie die Deutsche Presseagentur im August 1974 berichtete, war in England für die zweite Septemberhälfte 1974 – also neun Monate danach – ein Babyboom vorauszusehen.

Können in Ihrer Gruppe alle Mitglieder mehr Informationen zum Thema beitragen als ein einzelner?
....

7. In leistungsfähigen Gruppen wird der Diskussionsspielraum so weit wie möglich gehalten, um mehr Beiträge zum Thema zu erhalten. Daher sollten die eigenen Vorschläge von Ranghöheren nicht zu früh genannt werden.

Haben Sie auch schon Diskussionsleiter erlebt, die eine Besprechung mit den Worten eröffneten? „Meine Meinung, die Sie ja schon kennen, darf ich zu Beginn noch einmal präzisieren..."

Die Gefahr ist, daß die Gruppe die Vorschläge des Diskussionsleiters unreflektiert von ihm, als dem häufig Ranghöheren, übernimmt. Die restliche Diskussion artet dann leicht in pure Akklamation aus.

Wird in Ihrer Gruppe der Diskussionsspielraum so weit wie möglich gehalten?
....

8. In einer leistungsfähigen Gruppe findet statt politischer Geheimniskrämerei ein vertrauensvoller, offener und freier Austausch von Informationen statt.

Das positive Denken in der Gruppe wird gefördert. D. h. extreme Ideen, Vorschläge, abweichende Ansichten können jederzeit frei geäußert werden. Sie werden dann auf den gemeinsamen Nutzen hin untersucht. Der Mut, eigene Ansichten zu ändern, wird von allen gefördert. Jeder weiß, daß Impulse aus der Gruppe das eigene Wissen bereichern. Die Mitglieder gehen einer Diskussion über die Funktionsfähigkeit der Gruppe nicht aus dem Weg. Sie sind der Meinung, daß sich die Gruppenleistung nicht nur im erzielten Ergebnis ausdrückt, sondern auch in der Art, wie die Gruppe zusammenarbeitet.

Wird in Ihrer Gruppe offen diskutiert, insbesondere auch über ihre Funktionsfähigkeit?

....

9. In einer leistungsfähigen Gruppe drückt sich niemand um die Verantwortung für die gemeinsame Entscheidung. Alle stehen voll hinter ihr. Alle wissen, daß nach außen nicht die Einzelleistung, sondern die Leistung der Gruppe als Ergebnis des Zusammenwirkens steht.

Stehen in Ihrer Gruppe alle Mitglieder hinter der gemeinsamen Entscheidung?

....

Wir fassen nun die neun lokomotiven und kohäsiven Maßstäbe leistungsfähiger Gruppen zusammen:

1. Alle Mitglieder sind fähig zu Gruppenarbeit.
2. Der Moderator führt in einem ausgewogenen Verhältnis von Lokomotion und Kohäsion.
3. An der Gruppenarbeit nehmen nur die teil, deren Motivation für das zu lösende Problem stark ist.
4. Fünf bis maximal neun Mitglieder sind optimal.
5. Die Gruppe verfügt für ihre Aufgabe über genügend Zeit.
6. Alle Mitglieder können mehr Informationen zum Problem beitragen als ein einzelner.
7. Der Diskussionsspielraum wird so weit wie möglich gehalten.
8. Es wird offen diskutiert, auch über die Funktionsfähigkeit der Gruppe.
9. Alle stehen hinter der gemeinsamen Entscheidung.

Wir haben Ihnen nun sechs lokomotive, fünf kohäsive und neun Maßstäbe für leistungsfähige Gruppen genannt, die sowohl lokomotiv als auch kohäsiv sind. Auch Gruppenarbeit ist also weitgehend durch ein ausgewogenes Verhältnis von Kohäsion und Lokomotion gekennzeichnet.

Wenn diese 20 Maßstäbe weitgehend erfüllt sind, ist die Arbeit in Gruppen der Arbeit eines einzelnen vorzuziehen.

Prüfen Sie nun, wo Ihre persönlichen Stärken liegen.

Fragen Sie sich bitte aber auch, welche Punkte Sie vernachlässigen. Diskutieren Sie einmal mit den Gruppen, in denen Sie mitarbeiten, über die gemeinsamen Stärken und Schwächen. Sollten Sie Schwächen bei sich und Ihrer Arbeitsgruppe herausgefunden haben, dann wählen Sie die drei wichtigsten aus.

Nehmen Sie sich vor, diese Schwächen in den nächsten drei Monaten durch gezielte Maßnahmen zu beseitigen.

Zitieren wir, gewissermaßen als Quintessenz, den Teilnehmer an einem Management-Seminar:

„Denn Lokomotion für sich ist Mist, wenn Du zum Schluß alleine bist. Vielleicht träumst Du sehr bald dann schon vom ‚Gruppenklebstoff' Kohäsion."

5. Einige Führungsmodelle im Überblick

5.1 Einführung

Forscher stellten fest, daß Führungsverhaltensweisen in der Praxis sehr stark variieren.

So beobachteten sie Führungskräfte, die sich im wesentlichen darauf beschränkten, für ihre Mitarbeiter Aktivitäten (z.B. Zergliederung der Tätigkeiten, Fachinformationen, Kontrollen) zu strukturieren.

Andere konzentrierten sich darauf, die persönlichen Beziehungen zu ihren Mitarbeitern zu pflegen, diese sozio-emotional zu unterstützen, ihnen ein Gefühl des persönlichen Kontaktes und der Geborgenheit zu vermitteln.

Dann wieder war der Führungsstil sowohl durch aufgaben- als auch durch beziehungsorientiertes Verhalten gekennzeichnet.

Wieder andere neigten dazu, sich weder um Aufgaben noch um Beziehungen zu kümmern.

Viele Manager waren jedoch auf ihre Art effektiv und erfolgreich.

Haupterkenntnisse:

Ein dominierender Führungsstil konnte nicht festgestellt werden.

Statt dessen wurden *Stil-Kombinationen* angewendet.

Aufgaben- und Beziehungsorientierung (Lokomotion und Kohäsion) können keine Entweder-Oder-Führungsstile sein.

Die Effektivität des Führungsstils wird von der Situation beeinflußt, in welcher der Stil eingesetzt wird.

Daraus ergibt sich:

Erfolgreiche Führungskräfte passen ihr Führungsverhalten so an, daß es den Anforderungen einer bestimmten Situation gerecht wird.

Durch gesellschaftliche, soziale, kulturelle Änderungen kann eine Situation geschaffen werden, in der ein Führungsstil erfolgreicher ist — einfach deswegen, weil es mehr Situationen gibt, die diesen Stil erfordern.

Eine wesentliche Voraussetzung effektiver Führung ist somit

Situationsgespür.

Das Modell der situativen Führung beruht also auf dem Zusammenspiel
- des Ausmaßes aufgaben-orientierten Führungsverhaltens
- des Ausmaßes beziehungs-orientierten Führungsverhaltens
- der konkreten Situation

Die *Situation* kann z. B. beeinflußt werden durch

- den „Reifegrad" der Mitarbeiter/der Gruppe (kann von Aufgabe zu Aufgabe unterschiedlich sein)
- die jeweilige Zielsetzung
- die organisatorische Struktur
- die gesellschaftliche Umwelt

Sowohl aufgaben- als auch beziehungsmotivierte Führer können gleichermaßen effektiv durch ihr Führungsverhalten sein − in einer Situation, welche diesem Stil entspricht.

Auch dies kann man sagen:

Beziehungs- und aufgabenmotivierte Vorgesetzte können bei ihren Mitarbeitern gleichermaßen anerkannt sein.

Dies hängt ebenfalls von der jeweiligen Situation ab.

Beurteilen Sie nun bitte mit Hilfe der folgenden Modelle die Situation, in der Sie ihre Mitarbeiter führen.

Danach wissen Sie, ob Ihr Führungsstil Ihrer momentanen Situation angemessen ist.

Passen Situation und Führungsstil nicht zusammen, fragen Sie sich:

- Will ich meinen Stil ändern?
- Kann ich die Situation ändern?
- Will ich an beidem arbeiten?

5.2 Das Verhaltensgitter von Blake/Mouton

Eine Brücke zwischen den Führungsmodellen, die eine ideal-typische Führungsform suchten, und der situativen Führung stellt das Verhaltensgitter (Managerial Grid) dar (*Blake, R. R.,/Mouton, J. S.,* Verhaltenspsychologie im Betrieb, Düsseldorf/Wien, 1980).

Darin wird bereits überlegt:

In welcher Weise kann kooperatives Verhalten wirksam eingesetzt werden, ohne daß deshalb Führung in Frage gestellt und die Effektivität beeinträchtigt wird?

Das Verhaltensgitter ist ein Instrument der modernen Führungslehre, mit dem man Führungsformen praktisch analysieren kann.

Es zeigt die beiden *Basis-Verhaltensweisen* (Aufgaben- und Mitarbeiterorientierung) in einem Koordinatensystem (siehe Schaubild).

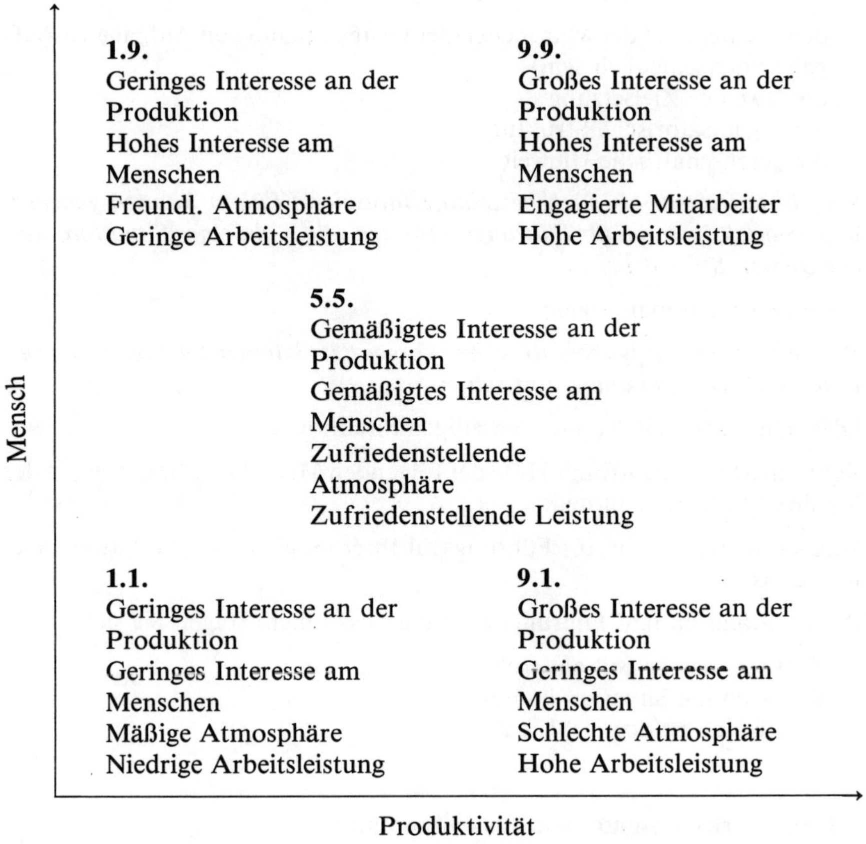

	1.9. Geringes Interesse an der Produktion Hohes Interesse am Menschen Freundl. Atmosphäre Geringe Arbeitsleistung	9.9. Großes Interesse an der Produktion Hohes Interesse am Menschen Engagierte Mitarbeiter Hohe Arbeitsleistung
Mensch	5.5. Gemäßigtes Interesse an der Produktion Gemäßigtes Interesse am Menschen Zufriedenstellende Atmosphäre Zufriedenstellende Leistung	
	1.1. Geringes Interesse an der Produktion Geringes Interesse am Menschen Mäßige Atmosphäre Niedrige Arbeitsleistung	9.1. Großes Interesse an der Produktion Geringes Interesse am Menschen Schlechte Atmosphäre Hohe Arbeitsleistung

Produktivität

Abb. 10: Das Verhaltensgitter

Die Aufmerksamkeit des Chefs kann sich mit unterschiedlich starker Ausprägung

- einmal auf die technisch-ökonomischen Belange (9.1)
- andererseits auf die individuellen Belange des Mitarbeiters (1.9)
- oder auf keine der beiden Belange (1.1)
- oder auf beide gemeinsam richten (9.9)

Die Abstufung auf den Koordinaten weist die Intensität der Betonung der beiden Ziele „Produktion" und „Mitarbeiter" aus.

Die Konfiguration 9.9 stellt den idealen Führungsstil dar. Man spricht hier auch von „human resources management".

Nachteil:

Das Hauptaugenmerk konzentriert sich zu sehr auf die Extremkombinationen.

Trotzdem eignet sich das Verhaltensgitter gut zur Diagnose Ihrer eigenen Führungsverhaltensweisen und der der Mitarbeiter.

Es ist eine Vorstufe zur situativen Führung, bei der aus der Analyse der konkreten Situation heraus der jeweils beste Führungsstil gewählt wird.

5.3 Das 3-D-Modell von Reddin

Das von *W. J. Reddin* entwickelte „3-D-Modell zur Leistungssteigerung des Managements" löst sich vom Dogma eines einzigen idealen Stils. So hatte es noch das Verhaltensgitter postuliert (nach: *Reddin, W. J.*, Das 3-D-Modell zur Leistungssteigerung des Managements, München 1977; *Hiermer, V.*, Aufs Ergebnis kommt es an, in: Manager-Magazin Nr. 5, 1977; *Dederra, E.*, Zielgerechtes Führungsverhalten, in: FB/JE 26/1977, Heft 2).

Das 3-D-Modell geht ebenfalls von den beiden Grunddimensionen der Führung aus: Aufgaben-Orientierung und Beziehungs-Orientierung.

Daraus ergeben sich *vier Grundstile:* Integrationsstil, Beziehungsstil, Verfahrensstil, Aufgabenstil.

Diese vier Grundstile werden in der Praxis effektiv, aber auch nicht effektiv eingesetzt.

Die vier effektiven Stile: Integrierer, Förderer, Verwalter, Macher. (Jeder dieser vier Stile ist aus einem der vier Grundstile abgeleitet.)

Die vier nicht effektiven Stile: Kompromißler, Gefälligkeitsapostel, Bürokrat, Autokrat.

Die entscheidende Fortentwicklung stellt die 3. Dimension dar: Die *Effektivität* einer Führungskraft.

Effektivität bedeutet:

Das Ausmaß, in dem ein Manager die vereinbarten Ergebnisse in seiner jeweiligen Position erbringt.

Der Manager ist nicht effektiv, wenn er
- nur effektiv erscheint,
- nur persönliche Ziele zu erreichen strebt.

Dabei sind die Ergebnisse (output), die ein Manager vorweisen kann, wichtiger als das, was er tut (Arbeitsweise, input).

Effektivität ist also nicht nur eine persönliche Eigenschaft oder Fähigkeit, die jemand hat oder nicht hat. Sie ergibt sich vielmehr aus dem richtigen Erfassen einer spezifischen Führungssituation und deren gezielter Beeinflussung.

Daher muß jede Situation zuerst beurteilt werden, ehe man sie bewältigen kann.

Wichtig:

Nicht jede Situation kann mit den gleichen Mitteln gemeistert werden!

Eine wichtige Säule des 3-D-Modells stellt das Training dar:
Dort lernt der Manager, Situationen besser zu verstehen und zu bewältigen.

Weil es keinen einzigen Idealstil für alle Situationen gibt, ist ein Manager schlecht beraten, sich eine bestimmte Verhaltensweise zurechtzulegen, von der er dann nie mehr abgeht — nur weil er bestimmte Erfahrungen gemacht hat.

Führungsstile sind in Situationen eingebettet:

Jeder Grundstil kann effektiv oder weniger effektiv sein, je nach den spezifischen Anforderungen, die eine Situation an den Manager stellt.

Situationsangepaßtes Verhalten bewegt sich zwischen den zwei positiven Polen (nach: *Dederra, E.*, Manager-Magazin a. a. O.)

Stiltreue ◄─────────────► Stilflexibilität

Nicht situationsangepaßtes Verhalten bewegt sich zwischen den zwei negativen Polen

Stilstarrheit ◄─────────────► Stildrift

Die Stilbandbreite eines Managers stellt die Fähigkeit dar, Führungsverhalten zu ändern. Ein Manager mit einer geringen Stilbandbreite in einer Organisation, die eine hohe Flexibilität erfordert, wird sicher versagen.

Während ihrer beruflichen Laufbahn muß eine Führungskraft immer wieder in unterschiedlichen Situationen effektiv handeln.

Förderer	Integrierer
Verwalter	Macher

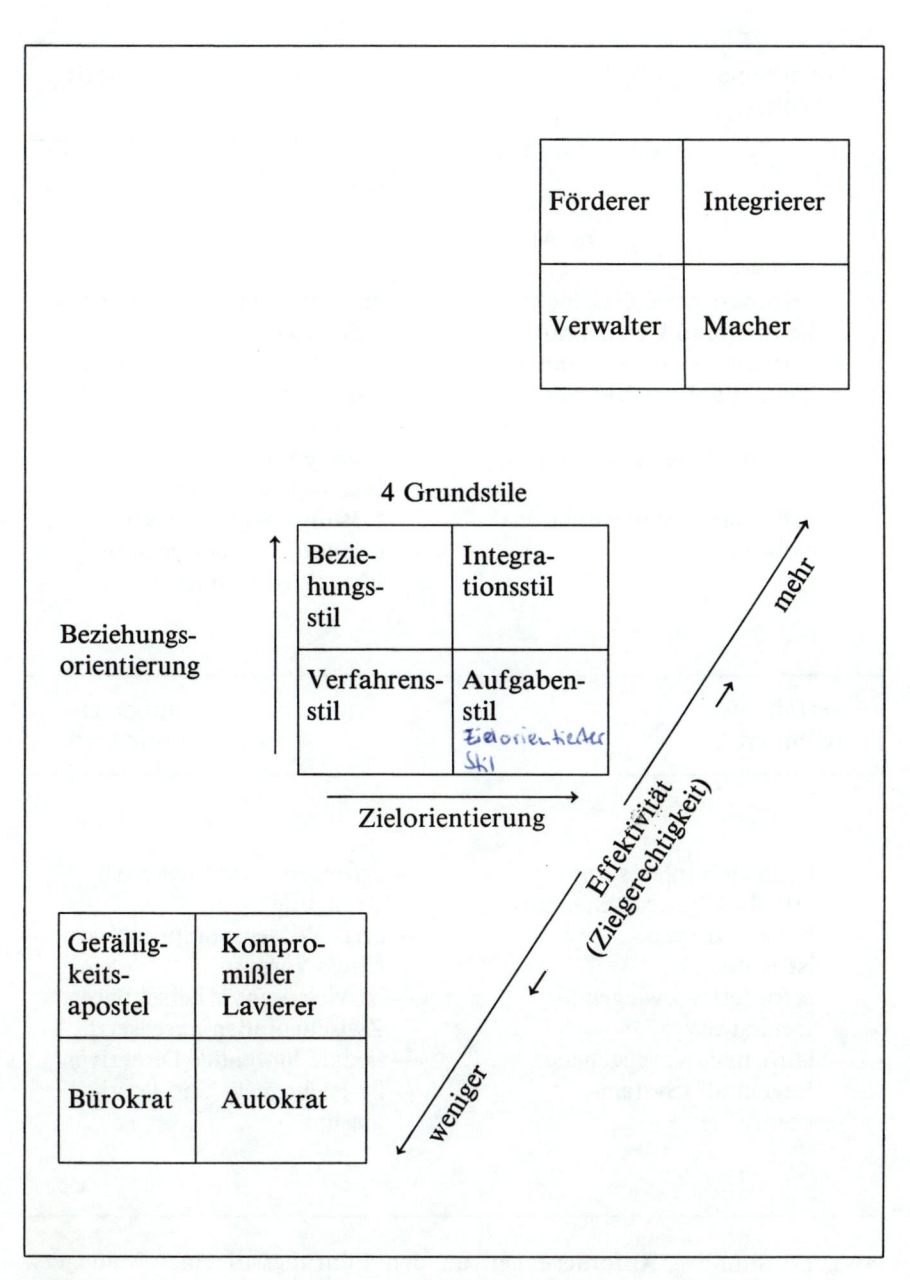

4 Grundstile

Beziehungs-orientierung

Beziehungsstil	Integrationsstil
Verfahrensstil	Aufgabenstil

Zielorientierung

Effektivität (Zielgerechtigkeit) — mehr / weniger

Gefälligkeitsapostel	Kompromißler Lavierer
Bürokrat	Autokrat

Abb. 11: Die drei Dimensionen des Führungsverhaltens (3-D-Modell) (*Reddin, W. J.*, München 1977, S. 60)

mitarbeiter-orientiert	integrativ
Die Arbeit der Mitarbeiter — erfordert hohe Geschicklichkeit und Urteilskraft — erfordert viel Engagement — stellt Wahl des Verfahrens frei — gewährt lange Kontrollzeitspanne — erfordert schöpferische Leistungen	— erfordert ständiges Zusammenwirken — steht in Abhängigkeit von Kollegen — erfordert häufiges Einschalten des Chefs — bietet viele richtige Lösungsmöglichkeiten — erlaubt Eigenentscheidung über Arbeitstempo
verfahrens-orientiert	**aufgaben-orientiert**
— ist in sich interessant — erlaubt Eigenentscheidung bei Zielvorgabe — ist einfach — erfordert vorwiegend Denkarbeit — läuft nach vorgegebenen Regeln ab (Systemkontrolle)	— erfordert körperliche Anstrengung — setzt Wissensvorsprung des Chefs voraus — ist vielen unvorhersehbaren Zwischenfällen ausgesetzt — bedarf laufender Direktiven — ist leicht meß- und korrigierbar

Abb. 12: Situative Anforderungen an den Führungsstil eines Managers. Welcher Führungsstil ist bei welchen Anforderungen an die Mitarbeiter besonders effektiv? (nach: *Dederra, E.*, a. a. O. S. 132).

Eine möglichst große Stilbandbreite zwischen den positiven Polen „Stiltreue" und „Stilflexibilität" ist daher wünschenswert: Sie befähigt einen Manager, mit verschiedenen Situationen fertig zu werden und damit effektiver zu führen.

Mangelnde Stilbreite verursacht den Leistungsabfall vieler Manager:

Manche der zunächst erfolgreichen „Macher" des Wiederaufbaues der Bundesrepublik scheiterten und scheitern daran: Es gelingt ihnen nicht, die heute zunehmend geforderte Rolle des „Integrierers" und „Förderers" wahrzunehmen = kooperativer zu führen.

Stilflexibilität bedeutet:

Die effektive Anpassung des Stils an die Anforderungen einer Situation.

Aber nicht etwa: Was beliebt, ist auch erlaubt!

Der ideale Fall ist gegeben, wenn ein Chef so flexibel, so wendig führt, daß die Anforderungen einer Situation stets durch den jeweils effektiven Führungsstil abgedeckt werden:

Je mehr positive Stilvarianten ein Manager beherrscht und je besser er imstande ist, diese Varianten situationsgerecht anzuwenden, desto besser werden auch seine Ergebnisse sein, desto näher wird er den vereinbarten Zielen kommen.

Stiltreue:

Ein Manager hält an einem bestimmten Stil fest, weil er herausgefunden hat, daß damit seine Effektivität erhöht wird.

Stilstarrheit:

Ein Manager hält an seinem bisherigen Stil fest (eventuell an dem einzigen, den er beherrscht), obwohl die Situation inzwischen von ihm ein anderes Verhalten verlangt.

Stildrift:

Ein Manager ändert seinen Stil, obwohl es nicht erforderlich ist oder weil er seine Situation falsch eingeschätzt hat.

Effektives Situationsmanagement

setzt die Meßbarkeit der Ergebnisse voraus. Das 3-D-Konzept ist daher eng mit zielorientierter Unternehmensführung verbunden (Management by Objectives). (Vergleichen Sie hierzu Band 3 „Führungsstile" und Band 7 „Arbeitsmethodik I" dieser Reihe).

Reddin (a. a. O.) unterscheidet daher den tätigkeits- und den effektivitätsorientierten Manager:

Der tätigkeitsorientierte Manager

- macht die Dinge richtig anstatt die richtigen Dinge zu machen
- löst Probleme anstatt kreative Alternativen zu schaffen
- bewahrt Mittel anstatt die Mittelnutzung zu optimieren
- befolgt Pflichten anstatt Ergebnisse zu erzielen
- reduziert Kosten anstatt Gewinne zu erhöhen

Der effektivitätsorientierte Manager braucht

- *Situationsgespür*, um eine Situationsdiagnose erstellen zu können und danach sowohl
- *Stilflexibilität*, um einen situationsangemessenen Stil zu praktizieren, als auch
- *Fähigkeit zum Situationsmanagement*, um eine Situation zu ändern.

(Auf Situationen nicht nur reagieren, sondern sie bewältigen, ohne daß Widerstand gegen eine Veränderung aufkommt.)

Um eine Führungssituation meistern zu können, ist es erforderlich, die einzelnen Situationselemente zu analysieren (*Reddin*, a. a. O., S. 91):

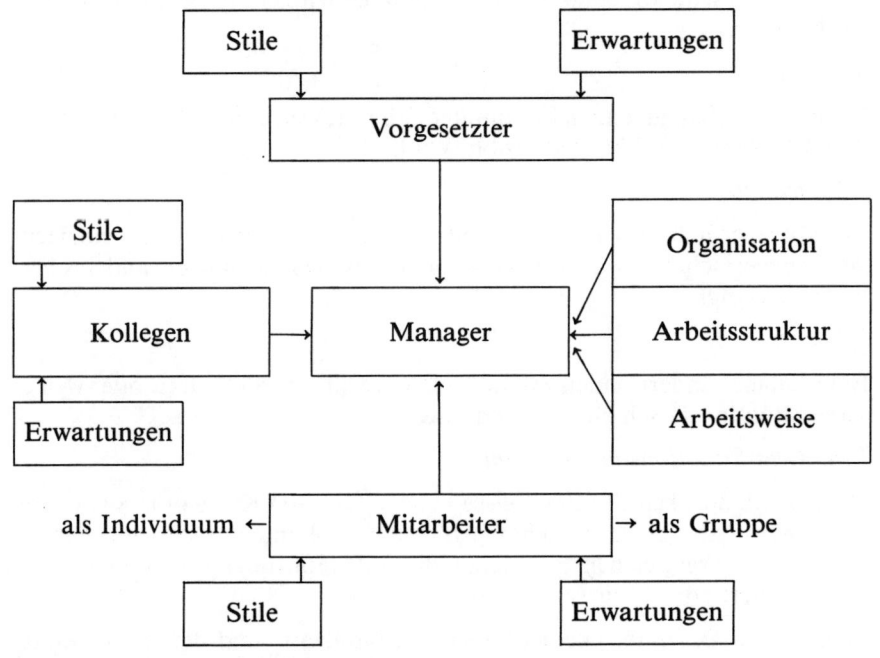

Abb. 13: Situationselemente

Die Situationselemente muß der Manager
- erkennen
- auf sie reagieren
- beeinflussen

Reddin hat zu seinem 3-D-Modell ein umfassendes Diagnose-Instrumentarium entwickelt. Wir empfehlen seine komplette Darstellung (siehe Literaturverzeichnis).

5.4 Das Modell von Fiedler

Damit Sie richtige Schlüsse ziehen können, ist es entscheidend zu wissen, welcher Stil in welcher Situation effektiver ist. Erst dann können Sie Ihr Führungsverhalten bewußt situativ variieren.

Fiedler stellt drei modellhafte Situationen einem aufgaben- und einem beziehungsmotivierten Führungsstil gegenüber (*Fiedler* u. a. 1979).
1. Situationen, die dem Manager große Einflußchancen ermöglichen,
2. Situationen, die dem Manager mittlere Einflußchancen ermöglichen,
3. Situationen, die dem Manager geringe Einflußchancen ermöglichen.

1. Situation mit großen Einflußchancen	
Führungsstil	Verhalten und Leistung des Managers
Beziehungs-motiviert	Manager fühlt sich gelangweilt. Sucht Zustimmung des Chefs. Reorganisiert die Arbeit. Wird rücksichtsloser, strafend. Betont mehr die Arbeit. Schlechte Leistung.
Aufgaben-motiviert	Entspannt. Entwickelt angenehme Beziehungen zu den Mitarbeitern. Mischt sich nicht ein, solange die Arbeit getan wird. Gute Leistung.

2. Situation mit mittleren Einflußchancen	
Führungsstil	Verhalten und Leistung des Managers
Beziehungs-motiviert	Konzentriert sich auf die Gruppe. Reduziert Konflikte, Spannungen. Geduldig. Gut in kreativen Gruppen. Findet diese Situation herausfordernd und interessant. Arbeitet effektiv. Gute Leistung.
Aufgaben-motiviert	Tendiert dazu, ängstlich und wenig effektiv zu sein. Gruppenkonflikte werden nicht bewältigt. Richtet keine Aufmerksamkeit auf die Gruppenbeziehungen. Von der Aufgabe absorbiert. Schlechte Leistung.

3. Situation mit geringen Einflußchancen	
Führungsstil	Verhalten und Leistung des Managers
Beziehungs-motiviert	Wird vom Erhalten der Gruppe absorbiert. Unterstützung der Gruppe geht oft zu Lasten der Aufgabe. Bei extremem Streß Rückzug von der Führerrolle. Schlechte Leistung.
Aufgaben-motiviert	Engagiert sich bei der herausfordernden Aufgabe. Organisiert und treibt Gruppe zur Aufgabenerfüllung an. Starke Kontrolle, straffe Disziplin. Gruppe respektiert Führer, weil Ziel in schwieriger Situation erreicht wird. Relativ gute Leistung.

Folgerungen:

Der beziehungsmotivierte Führer neigt stark dazu, mehr das Klima und die Beziehungen zu pflegen. Manchmal soweit, daß die Aufgabe darunter leidet.

In entspannten und gut kontrollierten Situationen können diese Menschen aber ihr Verhalten total ändern. Sie wirken dann mehr aufgabenmotiviert. Damit verhalten sie sich der Situation unangemessen.

Der aufgabenmotivierte Führer legt hauptsächlich Wert auf die Leistung. Er ist sehr diszipliniert und arbeitet am besten nach Richtlinien und speziellen Anweisungen. Fehlen diese, so ist sein oberstes Anliegen, Richtlinien zu erarbeiten und den Mitarbeitern die verschiedenen Aufgaben zuzuteilen.

Unter entspannten und gut kontrollierten Bedingungen verwenden jedoch aufgabenmotivierte Führungskräfte zunehmend Zeit für das Betriebsklima.

Knapp zusammengefaßt:

1. Aufgabenmotivierte Führer vollbringen die beste Leistung in Situationen mit großen und niedrigen Einflußchancen.
2. Beziehungsmotivierte Führer vollbringen die beste Leistung in Situationen mit mittleren Einflußchancen.

Es wird Sie nun interessieren, wodurch die Einflußchancen auf die Situation besonders stark beeinflußt werden.

Erst wenn Sie das wissen, können Sie bewußt auf den Grad der Einflußnahme hinarbeiten, der Ihrem Führungsstil am angemessensten ist.

Drei Kriterien bestimmen Ihre Einflußchancen:

1. Die Führer-Mitarbeiter-Beziehungen
    = die Art und Weise, wie die Arbeitsgruppe, der einzelne Mitarbeiter und die Führungskraft miteinander klarkommen.
2. Die Strukturiertheit der Aufgabe
    = das Ausmaß, wie klar die Ziele, Richtlinien und Leistungsmaßstäbe definiert und bekannt sind.

Bei einer hochstrukturierten Aufgabe

– ist das Ziel klar,
– gibt es *einen* Weg zum Ziel,
– ist nur *eine* Lösung richtig,
– ist der Nachweis möglich, daß eine Entscheidung richtig ist.

Der Grad der Strukturiertheit einer Aufgabe ergibt sich aus

a) Zielklarheit	b) Vielfalt der Wege zum Ziel
c) Zahl der „richtigen" Lösungen	d) Möglichkeit für den Nachweis, daß eine Entscheidung richtig ist

3. Die Autorität kraft Position
   - die einem Führer verliehene Autorität, Mitarbeiter einzustellen und zu entlassen
   - Disziplinargewalt auszuüben
   - die Möglichkeit zur Ausübung positiver und negativer Sanktionen (formelle Macht)

Zur Gewichtung der drei Kriterien:

- Die Führer-Mitarbeiter-Beziehungen sind etwa doppelt so wichtig wie die Strukturiertheit der Aufgabe
- die Strukturiertheit der Aufgabe ist wiederum doppelt so wichtig wie die Autorität kraft Position.

Daher ist eine gute Kooperation mit Ihren Mitarbeitern besonders wichtig für Ihren Führungserfolg.

Das ist einer der Gründe, aus denen heraus über viele Jahre die Führungslehre vom Begriff „Kooperative Führung" beherrscht wurde.

Wie schätzen Sie sich ein?

1. Ihre Führer-Mitarbeiter-Beziehungen

   ....

2. Die Strukturiertheit Ihrer Aufgabe

   ....

3. Ihre Autorität kraft Position

   ....

Sollten Sie zu der Auffassung gelangen, daß Ihr Führungsstil nicht zu der Situation paßt, in der Sie arbeiten?

Ändern Sie entweder Ihren Stil oder — was häufig einfacher ist — ändern Sie Ihren Einfluß auf die Situation:

Regulieren Sie

- die Führer-Mitarbeiter-Beziehungen,
- die Strukturiertheit der Aufgabe sowie
- die Positionsmacht.

So erhöhen oder reduzieren Sie Ihre situativen Einflußchancen, damit Sie Ihrem Führungsstil besser entsprechen.

Das Modell von *Fiedler*: Welcher Führungsstil führt in welcher Situation des Führers zur optimalen Gruppenleistung? (nach *Fiedler, F. E.*, Validation and extension of the contingency model of leadership effectiveness: a review of empirical findings, Psychol. Bulletin, 1971, 76, S. 1318).

	1	2	3	4	5	6	7	8
hohe Einflußchancen								niedrige Einflußchancen
Situation								
• Führer-Mitarbeiter-Beziehung	+	+	+	+	−	−	−	−
• Strukturiertheit der Aufgabe	+	+	−	−	+	+	−	−
• Positionsmacht	+	−	+	−	+	−	+	−

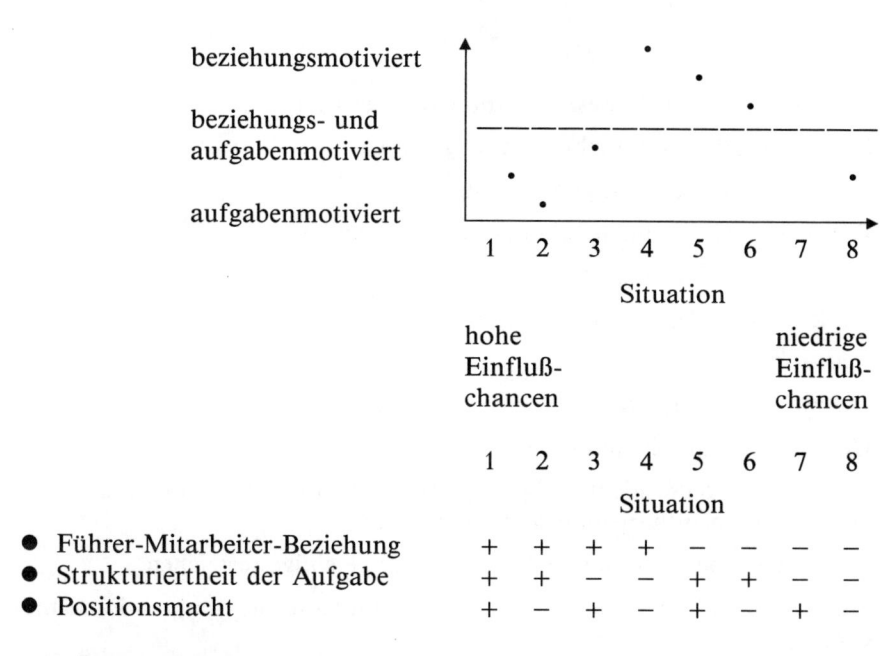

Abb. 14:   (nach *Fiedler* 1971)

Wie nutzen Sie das Modell für Ihre Praxis?

Zwei Beispiele:

− *Situation 1* −

(Bitte stellen Sie sich eine solche Situation in Ihrem Unternehmen vor)

Führer-Mitarbeiter-Beziehungen = günstig (gute Beziehungen)

Strukturiertheit der Aufgabe = günstig (Aufgabe ist strukturiert)

Positionsmacht = günstig (ist vorhanden)

Empfohlener Führungsstil:

Mehr aufgabenorientiert

Warum?

Ihre Führungssituation ist günstig.

Vor allem stimmt der wichtigste Faktor − die zwischenmenschlichen Beziehungen. Sie können es sich daher leisten, aufgabenmotiviert zu führen.

– Situation 4 –

(Bitte stellen Sie sich diese Situation konkret vor)

Führer-Mitarbeiter-Beziehungen = günstig

Strukturiertheit der Aufgabe = ungünstig

Positionsmacht = ungünstig (ist nicht vorhanden)

Empfohlener Führungsstil:

Stark klima- oder beziehungsmotiviert.

Warum?

Die zwischenmenschlichen Beziehungen sind intakt.

Die Einflußchancen sind mäßig.

Und solange diese nicht verbessert werden können, fährt der Führer am besten mit einem beziehungsmotivierten Stil.

So kann er über den Goodwill seiner Gruppe einiges erreichen.

Führt er betont aufgabenmotiviert, so gefährdet er die intakten Beziehungen.

Sind Sie mit den Empfehlungen für die anderen Situationen einverstanden?

Bitte gehen Sie immer von den Einflußchancen aus!

Am besten gehen Sie so vor:

1. Schritt:

Bestimmen Sie, ob und wie gut Sie unter Kontrolle haben, beeinflussen können

– die Führer-Mitglieder-Beziehungen,
– die Strukturiertheit der Aufgabe,
– die Positionsmacht.

2. Schritt:

Fragen Sie sich:

„Wie würde ich in einer solchen Situation führen?"

3. Schritt:

Vergleichen Sie Ihre Entscheidung mit den vorgeschlagenen Lösungen.

Fragen Sie sich, warum eventuell Abweichungen auftreten.

Sie können nun die folgenden Praxisfälle mit diesem Instrumentarium bearbeiten. Wir empfehlen Ihnen, Ihre Lösungsvorschläge schriftlich festzuhalten.

Sie können sie dann später leichter mit den Lösungsvorschlägen vergleichen (aus: *Stroebe, R. W./Roehrle, A.,* 1980).

5.5 Das Modell von Hersey/Blanchard

Den großen Theoretikern und Praktikern modernen Managements, wie *McGregor, Abraham Maslow, Frederik Herzberg, Blake* und *Mouton, Reddin, Eric Berne,* sind zwei weitere hinzuzufügen: *Hersey* und *Blanchard.* Sie haben ein Modell entwickelt, das auf den Erkenntnissen der Führungsforschung der vergangenen Jahrzehnte beruht und dem Manager für unterschiedliche Führungssituationen Hilfe anbietet.

Das *Hersey/Blanchard*-Modell ist, wie schon viele vorher, nicht das „Non plus ultra" und sicher auch nicht das letzte Modell zum Thema „Führen". Aber immerhin, das vorgestellte Modell ist beachtenswert, und daher werden im folgenden knapp die Vor- und Nachteile aufgezeigt.

Stellen Sie sich vor, Sie würden sich nur darum kümmern, daß sich Ihre Mitarbeiter wohl fühlen, so wie es sich für einen netten Chef gehört. Was passiert? Alle sind zwar nette Kumpels, aber gearbeitet wird nicht mehr so recht. Kümmern Sie sich dagegen nur noch darum, daß Ergebnisse erreicht werden, dann kann es Ihnen passieren, daß Sie Ihre Mannschaft verärgern, die Atmosphäre ist dahin. So ist erklärlich, was zahlreiche Untersuchungen bis zum heutigen Tage immer wieder bestätigen: Führungskräfte müssen sich sowohl um die Mitarbeiter als auch um die Leistung kümmern. Eine Binsenweisheit, aber eine sehr wichtige. Viele beachten diese Binsenweisheit nämlich nicht, tun nur das eine oder das andere und sind dann verständlicherweise verschrien als „Na ja – ein netter Mensch" oder als „Sklaventreiber". Manche kümmern sich weder um die Mitarbeiter noch um die Leistung, sie lassen alles laufen, sie machen „laisser-aller". Schließlich gibt es noch die, die sehr differenziert fragen: In welchem Verhältnis muß ich denn, bezogen auf die jeweilige Situation, Aufgaben- bzw. Mitarbeiterorientierung wahrnehmen? Die liegen im Sinne des kooperativ-situativen Gedankens schon sehr richtig.

In Abbildung 15 sehen Sie im *Hersey/Blanchard*-Modell eine Achse für aufgabenbezogenes Verhalten und eine weitere Achse für mitarbeiterbezogenes Verhalten. Aufgabenbezogenheit gibt dabei an, wie sehr der Manager einseitig bestimmt, was der Mitarbeiter zu tun hat. Stark aufgabenbezogen ist der Manager dann, wenn er beispielsweise bis ins Detail vorgibt, was, wann, wozu, wie, womit, warum, mit welchen Personen usw. der Mitarbeiter etwas zu tun hat. Wenig aufgabenbezogen ist der Manager dann, wenn er nur noch die Aufgaben delegiert, ohne viel zu kommentieren.

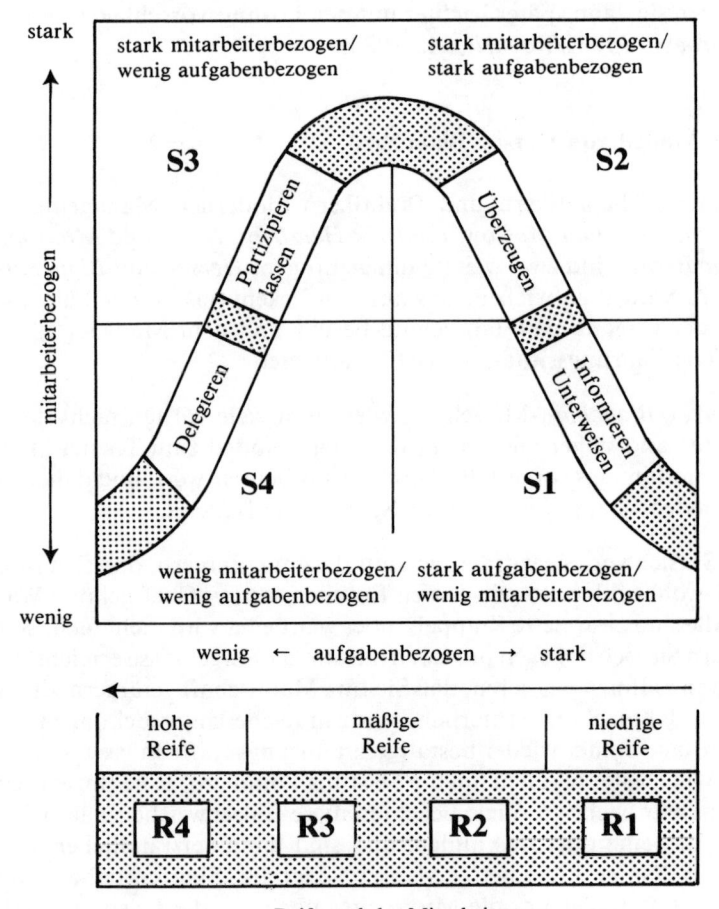

Abb. 15: Das Reifegradmodell (nach *Hersey/Blanchard*)

Mitarbeiterbezogenheit gibt an, wieweit der Manager in wechselseitiger Kommunikation den Mitarbeiter motiviert.

Stark mitarbeiterbezogenes Verhalten hieße dann beispielsweise: viele Gespräche, viel Lob, viel menschliche Unterstützung und Hilfestellung, während bei gering mitarbeiterbezogenem Verhalten dies viel weniger stark ausgeprägt ist.

Aus der Verbindung von aufgabenbezogenem und mitarbeiterbezogenem Verhalten ergeben sich nun vier unterschiedliche Führungsstile: S 1 (Stil 1) bis S 4 (Stil 4) und zwar:

S 1 Informieren und unterweisen,
S 2 Überzeugen,
S 3 Teilnahme oder Partizipation,
S 4 Delegieren.

Die Kurvenlinie durch das Quadrat zeigt an, welcher Stil in welcher Situation angemessen ist. Welchen Führungsstil eine Führungskraft nun anwendet, ist vom Reifegrad des Mitarbeiters abhängig. Man spricht daher auch vom sogenannten „Reifegrad-Modell". Etwas angenehmer hört sich das Wort „Entwicklungsstand" an, welches im weiteren verwendet wird.

Der Entwicklungsstand eines Mitarbeiters kann natürlich immer nur auf eine klar abgegrenzte Aufgabe hin definiert sein. Kein Mensch kann in einem umfassenden Sinne als reif oder unreif bezeichnet werden. Eine Sekretärin kann möglicherweise zwar hervorragend Schreibmaschine schreiben, hat hier also einen hohen Entwicklungsstand, aber sie tut sich schwer, die Reisen des Chefs gezielt vorzubereiten, hat hier also einen niedrigen Entwicklungsstand.

Es lassen sich vier unterschiedliche Entwicklungsstufen von Mitarbeitern unterscheiden: R 1 bis R 4. Wie Abbildung 16 zeigt, läßt sich der Entwicklungsstand danach betrachten, wieweit ein Mitarbeiter fähig und willens ist, eine bestimmte Aufgabe zu erledigen.

Definition der Reifegrade

Reifegrad				Führungsstil
niedrige Reife	=	unfähig	nicht motiviert	→ informieren, anweisen
niedrige bis mäßige Reife	=	mäßig fähig	wenig motiviert	→ überzeugen
mäßige bis hohe Reife	=	fähig	mäßig motiviert	→ teilnehmen lassen
hohe Reife	=	fähig	stark motiviert	→ delegieren

Abb. 16: Definition der Reifegrade (nach *Hersey/Blanchard*, a. a. O., S. 33)

Ist der Mitarbeiter weder fähig noch motiviert (R 1), dann ist es am sinnvollsten, durch klare Anweisungen, gezielte Information und Unterweisung eine sichere Basis zu schaffen, auf der er aufbauen kann. Das Führungsverhalten ist primär also aufgabenorientiert (S 2).

Ist der Mitarbeiter schlauer geworden, aber noch wenig motiviert (R 2), dann muß der Manager zwar immer noch Informationen geben, sollte aber zusätzlich durch motivierende Gespräche den Mitarbeiter von der Sache her überzeugen. Das Führungsverhalten ist sowohl aufgaben- als auch mitarbeiterorientiert (S 2).

Ist der Mitarbeiter weitgehend fähig, aber nur mäßig motiviert (R 3), dann kann die Führungskraft sich mit Anweisungen und zusätzlichen Informationen zurückhalten, muß aber stark motivierend wirken, in diesem Falle den Mitarbeiter mehr in die Durchführung miteinbeziehen, z. B. an Entscheidungen teilnehmen lassen, Gespräche mit Kunden selbständig, aber unter Beobachtung durchführen lassen. Das Führungsverhalten ist nun primär mitarbeiterorientiert (S 3).

Wenn schließlich der Mitarbeiter sowohl fähig als auch stark motiviert ist (R 4), muß die Führungskraft nur noch die zu erledigende Aufgabe sowie die damit verbundene Kompetenz und Verantwortung delegieren. Sie muß sich weder aufgabenbezogen noch mitarbeiterbezogen stark engagieren (S 4).

Da die Führungskraft den Mitarbeiter auf einen hohen Entwicklungsstand geführt hat, also sowohl die Aufgabe als auch den Menschen berücksichtigt hat, kann bei S 4 nicht von laisser-aller gesprochen werden.

Wenn Sie nicht so recht wissen, warum es zu der Kurve kommt, dann stellen Sie sich diese am besten als eine zuerst aufwärts steigende und dann abwärts führende Treppe vor, wie Sie sie in Abb. 17 sehen können. Dann wird deutlicher, wie die Führungskraft, mit einem niedrigen Entwicklungsstand des Mitarbeiters beginnend, zuerst informieren muß, dann den Mitarbeiter im ständigen Wechsel mit motivierenden Verhaltensweisen auf einen höheren Entwicklungsstand führt und schließlich ab dem Entwicklungsstand R 3 beide Verhaltensweisen, Aufgabenbezogenheit und Mitarbeiterbezogenheit, mit wachsender Selbständigkeit des Mitarbeiters immer stärker reduzieren kann.

In einigen Darstellungen des Modells von *Hersey/Blanchard* findet sich S 1 in den Bezeichnungen „Diktieren" und „Dirigieren" wieder. Diese beiden Begriffe können gefährlich sein. S 1 meint nämlich nicht autoritär, wie manche irrtümlicherweise glauben oder auch hineininterpretieren (weil sie nämlich glauben, es sei nun kein Anlaß mehr gegeben, sich überhaupt zu ändern). Das Menschenbild des Autoritären ist nicht gerade positiv. Er hält, grob gesprochen, seine Mitarbeiter für „dick, dumm, faul und gefräßig", und weil das so ist, müssen diese eben stark dirigistisch angefaßt werden.

Die kooperative Führungskraft dagegen geht davon aus, daß die Mitarbeiter Entwicklungspotential haben. Ihr Menschenbild ist positiv. Dies führt dann

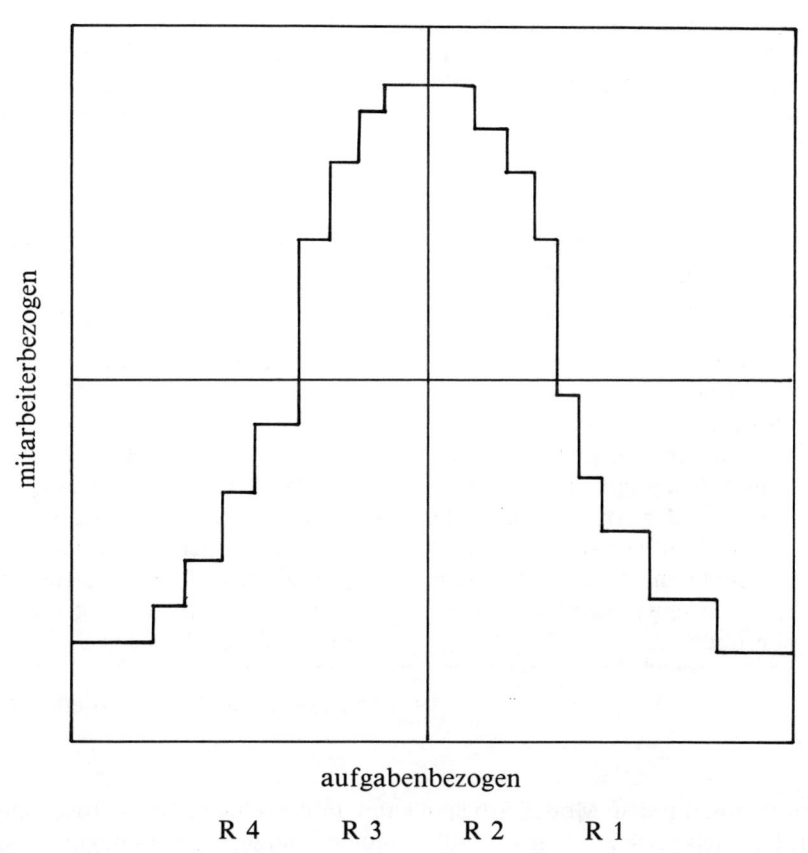

Abb. 17: Die stufenweise Entwicklung des Mitarbeiters von R 1 bis R 4

dazu, daß sie führt und dabei Wachstum des Mitarbeiters anstrebt. Dazu gehört auch, daß sie ihn informiert, wie es im Modell ja bei Stil 1 der Fall ist.

Eine Abwertung des Mitarbeiters ist damit aber nicht verbunden, wie es die autoritäre Führungskraft tut. Die Information ist von der Sache her notwendig und damit auch begründet. Abgesehen davon ändert die Führungskraft ihr Verhalten mit höherem Reifegrad des Mitarbeiters.

An dieser Stelle ein wichtiger Tip für Sie: Sprechen Sie doch einmal mit Ihren Mitarbeitern über das Modell von *Hersey/Blanchard*. Dann lassen Sie, bezogen auf klar definierte Ziele, Ihre Mitarbeiter ihren eigenen Entwicklungsstand einschätzen. Sie tun desgleichen. Anschließend sprechen Sie darüber. Wo decken sich Ihre Einschätzungen, wo gibt es Unterschiede? Hier liegen

Konfliktbereiche! Sprechen Sie darüber und vereinbaren Sie schließlich mit dem Mitarbeiter, wie Sie ihn, bezogen auf seinen jeweiligen Entwicklungsstand, bei einer klar umrissenen Zielsetzung führen werden. Damit wissen beide, was von ihnen erwartet wird, und das Konfliktpotential vermindert sich.

S 1 und S 4 grob gegenübergestellt und als Entwicklungsaufgabe für den Manager dargestellt

Fort von (S 1) _____ Hin zu (S 4)

1. Zentraler Kontrolle	1. Dezentraler Kontrolle
2. Mangelnder Einsicht des Mitarbeiters in seine Funktion	2. Einsicht des einzelnen Mitarbeiters in seine Funktion
3. Ausführen von Zielsetzungen ohne Bezug auf das Ganze	3. Ausführen von Zielsetzungen mit Blick auf das Ganze
4. Mangelnder Anpassung an die Anforderungen der Situation	4. Flexibler Anpassung an die Anforderungen der Situation
5. Aktivitäten, die ausschließlich auf Gegenwartseinflüssen beruhen	5. Aktivitäten, die auf Einflüssen von Vergangenheit, Gegenwart und Zukunft beruhen

---

(nach *A. Roehrle/R. W. Stroebe* 1980)

Damit man mit dem Modell arbeiten kann, gibt es eine Fülle von Instrumenten, beispielsweise zur Selbst- und Fremdeinschätzung des Reifegrades, der Zusammenarbeit zwischen Chef und Mitarbeiter usw.

Damit Sie nicht vorschnellen Täuschungen unterliegen, hier einige Kommentare: (aus *Stroebe, G. H.* 1983):

Positiv am Modell ist

- daß es schnell zu begreifen ist und wie eine Initialzündung wirkt.

- die Berücksichtigung des jeweiligen Entwicklungsstandes des Mitarbeiters, bezogen auf eine klar zu definierende Zielsetzung.

- die Eingrenzung der Führungssituation auf ein verständliches und überschaubares Maß, nämlich die eigene Mitarbeit und die Gruppe. (Dies allerdings ist nicht unproblematisch, da eine Fülle anderer Faktoren, die in Organisationen wirksam sind, wie beispielsweise Know-how, Technologie, Lernpotential, hierarchische Struktur, Beziehungen zu Gleichgestellten usw., vernachlässigt werden.)

- das einprogrammierte Wachstum des Mitarbeiters.

Das Modell von *Hersey/Blanchard* ist nicht statisch, sondern dynamisch. Dies aber setzt voraus, daß der Chef selbst fähig und willens ist, die verschiedenen Stufen des Modells mit seinem Mitarbeiter immer wieder, bei jeder neuen Aufgabe, zu durchlaufen. Wieweit schätzen Sie Ihren Reifegrad ein, Ihre Mitarbeiter zu einem hohen Entwicklungsstand zu führen? Gefragt ist Ihre Stilflexibilität. Ein Führungstraining kann helfen, diese zu erhöhen. Wie (glauben Sie) schätzen Ihre Mitarbeiter Sie ein?

Negativ am Modell ist

- der hohe Anspruch, es sei „das Rezept" zur Lösung aller Führungssituationen.

Dazu ist die Vielfalt der Situationen und menschlichen Verhaltens zu komplex, als daß sich mit diesem Modell alle Schwierigkeiten in Schall und Rauch auflösen ließen. Lassen Sie sich also nicht täuschen, und fragen Sie sich am besten immer: Ist die vorliegende Situation so, daß mir der Denkansatz von *Hersey/Blanchard* eine Hilfe bieten kann? Hier zwei Beispiele, in denen dies möglich sein kann.

1. Ein neuer Mitarbeiter kommt in die Abteilung und muß aufgebaut werden.
2. Eine Arbeitsgruppe, die sonst mit hoher Motivation und hoher Fähigkeit für die Zusammenarbeit in der Gruppe gearbeitet hat, kommt eines Tages bei einem wichtigen Projekt nicht weiter und beginnt sich intern zu zerreiben. Ein stärker aufgabenbezogenes Vorgehen kann sinnvoll sein.

Dieser letzte Fall aber deutet schon an, daß hier auch komplexere Vorgehensweisen, beispielsweise gruppendynamischer Art, vonnöten sein können. Ähnlich wie auch in dem Fall der älteren Mitarbeiterin, die eines Tages aufgrund privater Schwierigkeiten einen Nervenzusammenbruch erleidet und therapeutischer Hilfe bedarf.

- daß es nahezu den Anspruch erhebt, die Führungskraft hätte die notwendige Stilflexibilität von vornherein mitgebracht, beziehungsweise Mangel an Stilflexibilität sei ohne große Probleme zu beseitigen. Nehmen Sie beispielsweise den Fall des autoritären Chefs, der einen angepaßten Mitarbeiter führt, und beide fühlen sich bei S 1 sehr wohl. Der Chef, weil er das Sagen hat, und der Mitarbeiter, der bei niedrigem Entwicklungsstand keine Verantwortung übernehmen muß.

So ohne weiteres läßt sich eine solche Beziehung nicht verändern. Da bedarf es ein wenig mehr an Psychologie. Insbesondere benötigt man dazu auch Zeit. Organisationen über das Wachstum der in ihr arbeitenden Mitarbeiter zu entwickeln, kann manchmal Jahre dauern.

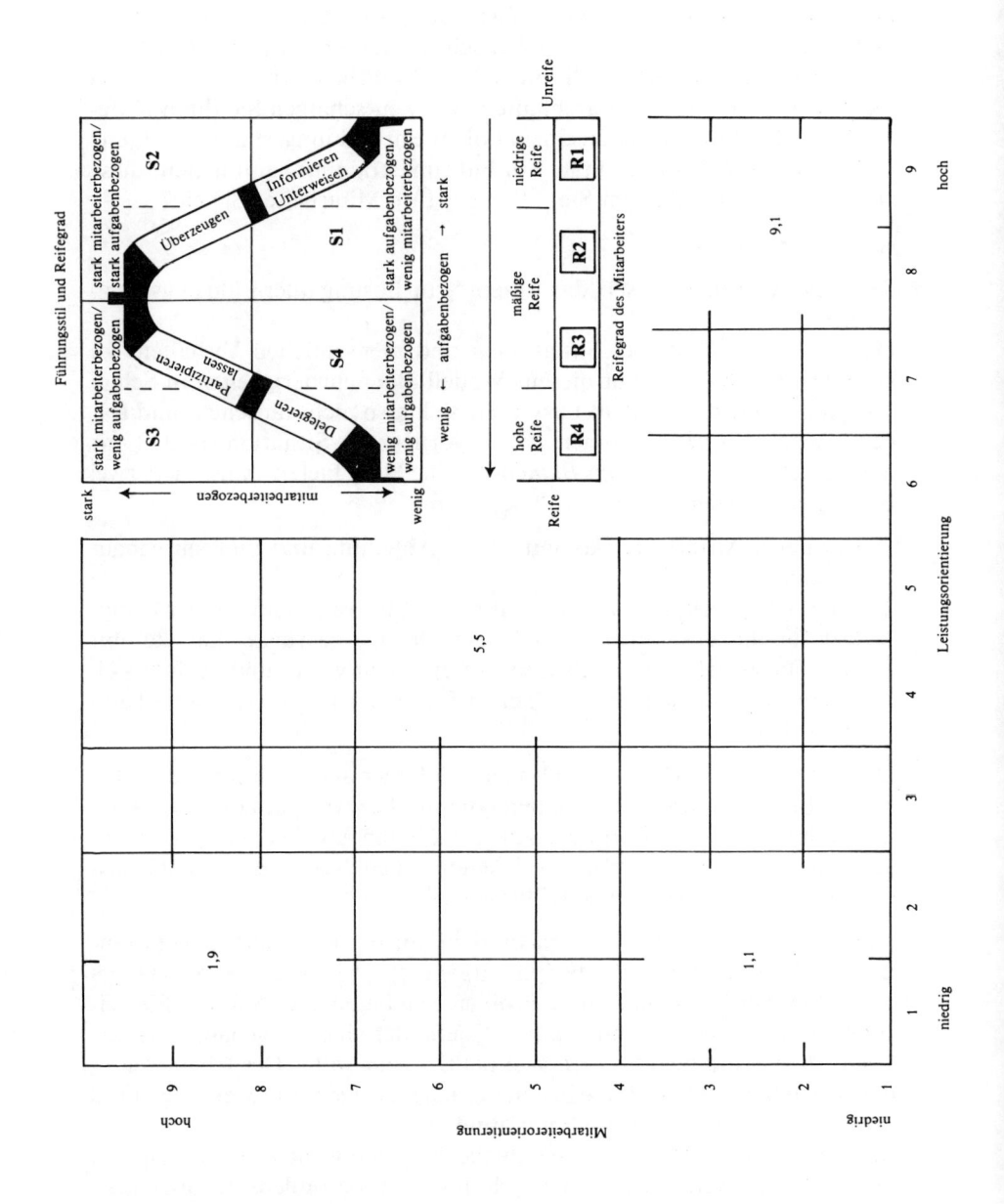

Abb. 18: Die Integration des Reifegrad-Modells in das Verhaltensgitter

- daß es bei einer Fehlinterpretation von Stil 1 autoritärem Verhalten bei negativem Menschenbild Vorschub leisten kann.

(Aus: *G. Stroebe,* AOK-Management 1/83)

5.6 Integration von Verhaltensgitter und Reifegradmodell

Wie in Abb. 18 dargestellt, läßt sich das Reifegradmodell von *Hersey/Blanchard* gut in das Verhaltensgitter von *Blake/Mouton* an die Stelle 9.9 − Human Resources Management − integrieren.

Dann wird deutlich,

- daß 9.9 nicht ein statisches Bild, sondern ein situativ wechselnder dynamischer Führungsprozeß ist,
- daß S 1 ein reifegradspezifischer und wachstumsorientierter Stil ist, der nicht mit dem autoritären 9.1 gleichgesetzt werden darf,
- daß S 4 „Zügel locker lassen − delegieren" nicht gleichzusetzen ist mit 1.1 „laisser-aller", da bei S 4 der Reifegrad der Mitarbeiter hoch ist und diese die Verantwortung für Lokomotion und Kohäsion übernehmen.

5.7 Vergleichender Überblick zu ausgewählten situativen Führungsmodellen

Was verbindet und unterscheidet Verhaltensgitter, 3-D-Modell, Reifegrad-Modell und *Fiedler*-Modell?

Verhaltensgitter (Blake/Mouton)	3-D-Modell (Reddin)	Reifegrad-Modell (Blanchard/Hersey)	*Fiedler*-Modell
Es gibt *einen* besten Führungsstil	Es gibt nicht den besten Stil. Die vier Grundstile sind leichter verständlich als das *Fiedler*-Modell	Kaum wertende Bezeichnungen für die effektiven und nicht effektiven Führungsstile. Damit wertneutraler als 3-D-Modell	keine wertenden Bezeichnungen
Der rechte obere Quadrant (9.9) ist der positivste	Der rechte oberste Quadrant erscheint als der positivste	Jeder Quadrant kann situationsgemäß positiv sein	*Fiedler* ordnet die Führungssituationen auf einer Skala an. Sie reicht von „für den Führer günstig" bis „für den Führer ungünstig"
Bezieht sich auf Einstellungen	Bezieht sich auf Verhalten. Output ist der Maßstab für Effektivität.	Bezieht sich auf Verhalten. Leistung und Zufriedenheit sind Maßstäbe für Effektivität. Der Betroffene versteht, woher die Bewertung kommt. Schwerpunkt auf Selbstbewertung	ähnlich *Blanchard*
Gefahr der Etikettierung wie z. B. „autoritär" „laisser-aller"	Gefahr der Etikettierung	Wirkt nicht so verwirrend wie 3-D-Modell, da weniger Schlagworte für die Stile	Wirkt zunächst etwas verwirrend. Entpuppt sich als äußerst wirkungsvolles, anspruchsvolles Instrumentarium
wenig komplex, zielt ab auf Änderung des Führungsstils	Bezieht viele Situationselemente mit ein und zielt ab auf Anpassung des Führungs*stils* an die Situation	Bezieht vorwiegend Chef, Mitarbeiter, Gruppe mit ein (stark führerzentriert). Zielt ab auf Anpassung des Führungs*stils*	Bezieht Führer, Gruppe, Positionsmacht, Leistung und Situation ein. Zielt ab auf Änderung der Führungs*situation*

6. Zusammenfassung

1. Um ein Führungsproblem zu beseitigen, sind drei Fragen zu beantworten:

    (1) Wie führe ich eigentlich?
    (2) Wie sollte ich führen?
    (3) Weicht mein Führungsverhalten von dem Verhalten ab, das ich anstreben sollte?
    Wo weicht es ab?
    Was ist die Ursache der Abweichung?

2. Führen heißt, einen Mitarbeiter bzw. eine Gruppe unter Berücksichtigung der jeweiligen Situation auf ein gemeinsames Ziel hin beeinflussen.

3. Führung hängt von fünf Einflüssen ab:

    (1) der Führungskraft
    (2) dem Mitarbeiter
    (3) der Gruppe
    (4) dem gemeinsamen Ziel
    (5) der jeweiligen Situation

4. Kohäsion und Lokomotion sind grundlegend für optimales Führen.

    Kohäsion meint:
    Herbeiführen und Aufrechterhalten der Zusammengehörigkeit und des Bestandes der Gruppe.

    Lokomotion bedeutet:
    Motivieren der Gruppe zum Erreichen des Gruppenzieles.

5. Kohäsion und Lokomotion müssen auf zwei Verhaltensmuster beruhen:

    (1) action flexibility:
    die Fähigkeit, sich auf wechselnde Situationen flexibel einzustellen, um seine Ziele zu erreichen
    (2) social sensibility:
    Gespür für das Verhalten von Individuen und Gruppen

6. Eine Führungskraft, die Y-theoretisch eingestellt ist, fragt:

    (1) Was ist an dieser Arbeit gut?
    (2) Was muß noch besser gemacht werden?
    (3) Wie kann man es noch besser machen?

    und

    (1) Was für ein Problem liegt vor?

(2) Was ist seine Ursache?
(3) Wie können wir das Problem lösen?

Sie fragen nie zuerst: Was ist an dieser Arbeit schlecht?

7. Es gibt neun wichtige Führungsaufgaben:
   (1) Mitarbeiter auswählen, beurteilen, fördern
   (2) Anstoß zur Problemfindung
   (3) Ziele vereinbaren
   (4) Planen
   (5) Entscheiden
   (6) Delegieren, Koordinieren, Organisieren
   (7) Informieren
   (8) Motivieren
   (9) Reifegradspezifisch kontrollieren

8. Faustformel:

   Jedes Ergebnis ist so gut wie die Güte der Entscheidung mal der Motivation, diese Entscheidung auch durchzusetzen.

9. Prüfen Sie bitte, wieweit Ihre Mitarbeiter den folgenden Beurteilungskriterien genügen:

   Beantworten Sie dazu bitte die folgenden Fragen:
   – Denken und handeln meine Mitarbeiter ökonomisch, kostenbewußt?
   – Arbeiten sie nach Plan, systematisch, folgerichtig, konsequent?
   – Denken sie konstruktiv mit?
   – Stehen sie ihren Aufgaben und sich selbst kritisch gegenüber?
   – Sind sie einfallsreich, initiativ und aufgeschlossen für Neues?
   – Handeln meine Mitarbeiter selbständig?
   – Bitten sie nur in Ausnahmefällen um Entscheidungen?
   – Führen sie ihre Aufgaben sorgfältig und zuverlässig aus?
   – Verfolgen Sie beharrlich und dennoch flexibel und gewandt ihre Ziele?
   – Sind sie belastbar und ausdauernd?
   – Arbeiten sie termingerecht und nützen sie ihre Arbeitszeit aus?
   – Sind sie kooperativ, offen, tolerant, einordnungs- und hilfsbereit?
   – Verfügen meine Mitarbeiter als „Spezialisten" über das nötige Fachwissen?

10. Um die Ursachen für abweichendes Mitarbeiterverhalten schnell und sicher zu finden, fragen Sie bitte anhand der folgenden Prüfliste nach der Art des Problems, mit dem Sie es zu tun haben, und ergreifen Sie dann die entsprechenden Maßnahmen:

(1) Liegt ein *Weiß-nicht*-Problem vor?
(2) Liegt ein *Kann-nicht*-Problem vor?
(3) Liegt ein *Will-nicht*-Problem vor?
(4) Liegt ein *Darf-nicht*-Problem vor?
(5) Liegt ein *kombiniertes* Problem vor?

11. „Gruppendruck" liegt dann vor, wenn die Mitglieder von Gruppen eine Meinung fassen, die, sei sie auch noch so falsch und unrealistisch, auch unter einer starken Gegenargumentation beibehalten, ja meist sogar gefestigt wird.

Vorsicht also, wenn in Ihrer Gruppe die folgenden sieben Erscheinungen auftreten:

(1) Die Gruppe fühlt sich unverwundbar
(2) Illusion der Einmütigkeit
(3) Eine Ansicht wird überbetont
(4) Es existieren unterschwellige Konflikte
(5) „Meinungswächter" haben einen starken Einfluß
(6) Moralischer Druck gegen die Minorität
(7) Minoritäten zensieren sich selbst

12. Es gibt 20 wichtige Maßstäbe für leistungsfähige Gruppen:
Die sechs überwiegend lokomotiven Maßstäbe leistungsfähiger Gruppen sind:

(1) Jeder kann und will etwas zum Thema beitragen.
(2) Die Rollen sind klar und zielgerichtet verteilt. Normen regeln die Zusammenarbeit und präzisieren die gemeinsame Leistung.
(3) Dominierende Ansichten werden angezweifelt.
(4) Es wird unbürokratisch entschieden.
(5) Endgültige Entschlüsse werden noch einmal überprüft.
(6) Entscheidungen werden für alle klar und verständlich formuliert.

Die fünf überwiegend kohäsiven Maßstäbe leistungsfähiger Gruppen sind:

(1) Alle Mitglieder nehmen freiwillig teil.
(2) Die Gruppe handelt als dynamische Einheit.
Ihre Mitglieder sind Y-theoretisch eingestellt.
(3) Alle Mitglieder sind voll beteiligt.
(4) Die Mitglieder beeinflussen sich gegenseitig.
(5) Die Gruppe hält engen Kontakt zu anderen Organisationseinheiten.

Die neun sowohl lokomotiven als auch kohäsiven Maßstäbe leistungsfähiger Gruppen sind:

(1) Alle Mitglieder sind fähig zu Gruppenarbeit.

(2) Der Diskussionsleiter führt in einem ausgewogenen Verhältnis von Lokomotion und Kohäsion.
(3) An der Gruppenarbeit nehmen nur die teil, deren Motivation für das zu lösende Problem am wichtigsten ist.
(4) Fünf bis maximal neun Mitglieder sind optimal.
(5) Die Gruppe verfügt für ihre Aufgabe über genügend Zeit.
(6) Alle Mitglieder können mehr Informationen zum Problem beitragen als ein einzelner.
(7) Der Diskussionsspielraum wird so weit als möglich gehalten.
(8) Es wird offen diskutiert, auch über die Funktionsfähigkeit der Gruppe.
(9) Alle stehen hinter der gemeinsamen Entscheidung.

13. Es gibt verschiedene Führungsmodelle. Jedes für sich kann situationsbezogen für Führungsprobleme Lösungsansätze bieten. Keines der bisher bekanntgewordenen Modelle ist allerdings als das „Non plus ultra" anzusehen.

Literaturverzeichnis

Bennett, D.	Im Kontakt gewinnen durch Transaktionsanalyse, 2. Aufl., Heidelberg 1986
Bennis, W./Nanus, B.	Führungskräfte, 3. Aufl., Freiburg 1987
Bergemann, N./ Sourisseaux, A. L. J.	Qualitätszirkel als betriebliche Kleingruppen, Heidelberg 1988
Berkel, K.	Mit dem Mitarbeiter sprechen. Konflikte als Chance, Institut Mensch und Arbeit, München 1989
BJU (Hrsg.)	Unternehmensgrundsätze, Ein Leitfaden für Unternehmer, Bonn 1985
Blake, R. R./ Mouton, J. S.	Verhaltenspsychologie im Betrieb, Düsseldorf 1980
Blanchard, K. J./ Johnson, S.	Der 1 Minuten-Manager, Hamburg 1983
Fiedler, F. E.	Validation and extension of the contingency model of leadership effectiveness: a review of experimental findings. Psych. Bull. 1971, S. 1318
Fiedler, F. E./ Clemens, S./ Mahar, J. R.	Der Weg zum Führungserfolg, Stuttgart 1979
Gordon, Th.	Managerkonferenz, effektives Führungstraining, Hamburg 1979
ders.	Familienkonferenz, Hamburg 1983
Gottschall, D.	Der Chef stellt sich, Manager-Magazin 5/1978
Hersey, P./ Blanchard, K. H.	The Family Game, Reading 1978
Hub, Hanns	Unternehmensführung, Wiesbaden 1988
Iacocca, L.	Iacocca, Eine amerikanische Karriere, Düsseldorf/Wien 1988
IAK-Team Verlag (Hrsg.)	Pragmatik und Ethik in der Kunst des Führens. Über den Bewußtseinsmangel im Management, Bergisch-Gladbach 1984
Institut Mensch und Arbeit	Besser führen – Grundlagen sowie 5 Problemfelder: 1. Mit dem Mitarbeiter sprechen, 2. Konflikte als Chance, 3. Die Führung der eigenen Person (Streßmanagement), 4. Zur Leistung motivieren, 5. Gruppenprozesse erkennen und gestalten, München 1989
Kidder, T.	Die Seele einer neuen Maschine, Basel 1982

Laske, S./Schneider, U.	„... und es funktioniert doch!" Selbstverwaltung kann man lernen, Wien 1985
Lay, R.	Ethik für Manager, Düsseldorf 1989
Lefringhausen, K.	Wirtschaftsethik im Dialog, Stuttgart 1988
Likert, R.	Neue Ansätze der Unternehmensführung, Bern 1972
Mayer, A.	Organisationspsychologie, Stuttgart 1977
McGregor, D.	Der Mensch im Unternehmen, Düsseldorf 1970
Merz, H.-R.	Die außergewöhnliche Führungspersönlichkeit, Grüsch (CH) 1987
Neuberger, O.	Führung, Stuttgart 1984
ders.	Arbeit, Stuttgart 1985
ders.	Unternehmenskultur und Führung, Augsburg (Univ.) 1985
Peters, T. J./Austin, N.	Leistung aus Leidenschaft, Hamburg 1986
Peters, T. J./ Waterman, R. H.	Auf der Suche nach Spitzenleistungen, Landsberg 1983
Rasche, O. H.	Unternehmens-Kultur als neuer Erfolgsfaktor, Heiligenhaus 1985
Reddin, W. J.	Das 3-D-Programm zur Leistungssteigerung des Managements, München 1977
Rosenstiel, L. v.	Organisationspsychologie, Stuttgart 1988
Rüttinger, Rolf	Unternehmenskultur, Erfolge durch Vision und Wandel, Düsseldorf 1986
Sauer, A. (Hrsg.)	Betriebskultur, Führen im Dialog, Heidelberg 1989
Schmidt, W.	Führungsethik als Grundlage betrieblichen Managements, Heidelberg 1986
Schreyögg, G.	Unternehmenskultur, VHS-Video und Begleitheft, Wiesbaden 1989
Stroebe, G. H.	Training in Wirtschaft und Verwaltung, Essen 1978
ders.	Führungsstile, ein Modell zur Diskussion, AOK Management 1/1983
Stroebe, R. W.	Brich dein Labyrinth auf! Bilder und Texte für Nachdenklich-Selbstkritische zu den Themenkreisen persönlicher Lebens- und Arbeitsstil, Führung und Motivation, Kommunikation, Kooperation, Zivilcourage (zu bestellen bei Ralf Stroebe, Kuckuckstr. 27, 8031 Wörthsee)
Stroebe, R. W./ Roehrle, A.	Erfolgreich und flexibel führen durch sichere Einschätzung von Person und Situation, Kissing 1980
Stroebe, R. W./ Stroebe, G. H.	Grundlagen der Führung, Kassetten-Seminar (3 Kassetten zu je 60 Min.), Bonn
Withauer, K. F.	Menschen führen, 3. Aufl., Stuttgart 1981

Arbeitshefte Personalwesen

Herausgegeben von Prof. Dr. Ekkehard Crisand,
Prof. Dr. Peter Bellgardt, Prof. Werner Bienert,
Wolfgang Reineke.

Diese Schriftenreihe versteht sich als Bindeglied zwischen anspruchsvoller Spezialliteratur und praktischen Alltagsfragen. Durch die Ergänzung von allgemeiner und detaillierter Themenstellung wird der Leser einerseits Einzelprobleme in die sachlichen, organisatorischen und rechtlichen Zusammenhänge einordnen können, andererseits aber konkrete Entscheidungshilfen für die Arbeit erhalten.

- Band 1: Rechtsprobleme des Bewerbergesprächs (Bellgardt)
- Band 2: Grundlagen zur Personalplanung (Schuhmacher)
- Band 3: Personalbeschaffung (Wagner)
- Band 4: Personal- und Managemententwicklung (Leonhardt)
- Band 5: Personalplanung in der Praxis (Schuhmacher)
- Band 6: Rechtsfragen bei Personalbeschaffung und Personaleinsatz (Racké)
- Band 7: Entsendung von Mitarbeitern ins Ausland (Kiepe/Habermann)
- Band 8: Kosten des Betriebsrats (Wauschkuhn)
- Band 9: Erfolgreiches Verhandeln mit Betriebs- und Personalräten (Rischar)
- Band 10: Seminarkonzeptionen (Leonhardt/Riegsinger)
- Band 11: Kündigungsfibel (Bauer/Röder)
- Band 12: Das Personalhandbuch als Führungsinstrument (Prollius)
- Band 13: Flexible Arbeitszeitsysteme (Bellgardt)
- Band 14: Krankheit im Arbeitsverhältnis (Bauer/Röder)
- Band 15: Kooperationspartner Personal-Management (Fröhlich)
- Band 16: Qualitätszirkel (Bergemann/Sourisseaux)
- Band 17: Personalwesen als Organisationsaufgabe (Spie)
- Band 18: Das Stellenangebot in der Tageszeitung (Schwarz)
- Band 19: Personal-Controlling (Papmehl)

Weitere Bände befinden sich in Vorbereitung.

Sauer-Verlag Heidelberg

Arbeitshefte Führungspsychologie

Herausgegeben von Prof. Werner Bienert,
Prof. Dr. Ekkehard Crisand.

Die Anregung für diese Reihe geht auf Führungsseminare zurück, welche die Herausgeber – Professoren an der Fachhochschule Ludwigshafen – für namhafte Firmen und Verbände durchführten. Die dabei behandelten Themen aus dem Bereich der angewandten Wissenschaften garantieren Prägnanz. Der Stoff und die Lösungsansätze sind konsequent nach den Erfordernissen der täglichen Praxis ausgerichtet. Typisch für die Hefte: verständlich, wissenschaftlich fundiert, lernpsychologisch aufbereitet und portioniert. Sie sind somit zur Aus- und Weiterbildung von Fach- und Führungskräften sowie im Rahmen des Studiums an Hochschulen und Akademien bestens geeignet. Die inzwischen erreichte Gesamtauflagenhöhe von über 125.000 Exemplaren spricht für sich.

Band 1: Psychologie der Persönlichkeit (Crisand)
Band 2: Grundlagen der Führung (Stroebe/Stroebe)
Band 3: Führungsstile (Stroebe/Stroebe)
Band 4: Motivation (Stroebe/Stroebe)
Band 5: Kommunikation I (R. W. Stroebe)
Band 6: Kommunikation II (R. W. Stroebe)
Band 7: Arbeitsmethodik I (R. W. Stroebe)
Band 8: Arbeitsmethodik II (R. W. Stroebe)
Band 9: Gezielte Verhaltensänderung (G. H. Stroebe)
Band 10: Transaktions-Analyse (Rüttinger)
Band 11: Psychologie der Gesprächsführung (Crisand)
Band 12: Psychologie der Jugendzeit (Crisand/Kiepe)
Band 13: Anti-Streß-Training (Crisand/Lyon)
Band 14: Lernpsychologie für den beruflichen Alltag (Heineken/Habermann)
Band 15: Konflikttraining (Berkel)
Band 16: Führung von Gruppen (Rahn)

Weitere Bände befinden sich in Vorbereitung.

Sauer-Verlag Heidelberg